J.D. PONCE SU
KRISHNA DVAIPAYANA

UN'ANALISI ACCADEMICA DELLA

BHAGAVAD GITA

© 2024 di J.D. Ponce

INDICE

CONSIDERAZIONI PRELIMINARI --5

Capitolo I: SIMBOLISMO DEI PERSONAGGI DELLA GITA --------------------6

Capitolo II: TEMI, CONTESTO E IMPATTO – VYASA E LA GITA -----------23

Capitolo III: LA VISIONE DI VYASA SULLA NATURA DEL SÉ---------------34

Capitolo IV: AZIONE E INAZIONE--42

Capitolo V: LA LEGGE DI CAUSA ED EFFETTO ------------------------------48

Capitolo VI: LA DEVOZIONE COME VIA VERSO IL DIVINO-----------------58

Capitolo VII: IL DISTACCO E LA CRESCITA SPIRITUALE -------------------64

Capitolo VIII: LA DISCIPLINA DELLA MENTE E DEL CORPO---------------69

Capitolo IX: LA NATURA DEL DIVINO---78

Capitolo X: AUTOCONTROLLO ---84

Capitolo XI: LA SOFFERENZA --88

Capitolo XII: L'IMPORTANZA DEL SERVIZIO-----------------------------------95

Capitolo XIII: LA NATURA DELLA LIBERAZIONE ----------------------------100

Capitolo XIV: DOVERE E RETTITUDINE ---------------------------------------110

Capitolo XV: REALTÀ E PERCEZIONE ---115

Capitolo XVI: LA RICERCA DELLA CONOSCENZA --------------------------121

Capitolo XVII: IL RUOLO DEL GURU ---127

Capitolo XVIII: RINUNCIA ---131

Capitolo XIX: LA TRASCENDENZA DELLA FEDE ----------------------------139

Capitolo XX: LA GRAZIA DIVINA ---144

Capitolo XXI: LA NON VIOLENZA COME PRINCIPIO ------------------------149

Capitolo XXII: ILLUMINAZIONE E COSCIENZA-------------------------------155

Capitolo XXIII: MEDITAZIONE---160

Capitolo XXIV: CONOSCENZA DI SÉ E SAGGEZZA INTERIORE--------165

Capitolo XXV: DEVOZIONE IN AZIONE ---------------------------------------175

Capitolo XXVI: LA PRESENZA DI DIO ---183

Capitolo XXVII: LA MENTE--191

Capitolo XXVIII: SERVIZIO AL DIVINO ---199

Capitolo XXIX: 50 CITAZIONI CHIAVE DI VYASA -----------------------------208

INDICE

CONSIDERAZIONI PRELIMINARI --5

Capitolo I: SIMBOLISMO DEI PERSONAGGI DELLA GITA --------------------6

Capitolo II: TEMI, CONTESTO E IMPATTO – VYASA E LA GITA -----------23

Capitolo III: LA VISIONE DI VYASA SULLA NATURA DEL SÉ---------------34

Capitolo IV: AZIONE E INAZIONE---42

Capitolo V: LA LEGGE DI CAUSA ED EFFETTO -----------------------------48

Capitolo VI: LA DEVOZIONE COME VIA VERSO IL DIVINO-----------------58

Capitolo VII: IL DISTACCO E LA CRESCITA SPIRITUALE -------------------64

Capitolo VIII: LA DISCIPLINA DELLA MENTE E DEL CORPO---------------69

Capitolo IX: LA NATURA DEL DIVINO--78

Capitolo X: AUTOCONTROLLO ---84

Capitolo XI: LA SOFFERENZA ---88

Capitolo XII: L'IMPORTANZA DEL SERVIZIO-----------------------------------95

Capitolo XIII: LA NATURA DELLA LIBERAZIONE ----------------------------100

Capitolo XIV: DOVERE E RETTITUDINE --------------------------------------110

Capitolo XV: REALTÀ E PERCEZIONE ---115

Capitolo XVI: LA RICERCA DELLA CONOSCENZA --------------------------121

Capitolo XVII: IL RUOLO DEL GURU ---127

Capitolo XVIII: RINUNCIA --131

Capitolo XIX: LA TRASCENDENZA DELLA FEDE ----------------------------139

Capitolo XX: LA GRAZIA DIVINA ---144

Capitolo XXI: LA NON VIOLENZA COME PRINCIPIO --------------------------149

Capitolo XXII: ILLUMINAZIONE E COSCIENZA------------------------------155

Capitolo XXIII: MEDITAZIONE---160

Capitolo XXIV: CONOSCENZA DI SÉ E SAGGEZZA INTERIORE--------165

Capitolo XXV: DEVOZIONE IN AZIONE ---------------------------------------175

Capitolo XXVI: LA PRESENZA DI DIO ---183

Capitolo XXVII: LA MENTE---191

Capitolo XXVIII: SERVIZIO AL DIVINO --199

Capitolo XXIX: 50 CITAZIONI CHIAVE DI VYASA -----------------------------208

CONSIDERAZIONI PRELIMINARI

La Bhagavad Gita, spesso chiamata Gita, è una scrittura indù all'interno del poema epico indiano Mahabharata, in particolare nel Bhishma Parva. Il testo, attribuito a "Veda Vyasa" (colui che ha classificato i Veda), è presentato come una conversazione tra il principe Arjuna e il divino auriga, Lord Krishna, che funge da suo auriga. Questa struttura consente uno scambio dinamico di concetti filosofici ed etici, rendendola una lettura accattivante. L'ambientazione centrale della Bhagavad Gita si svolge sul campo di battaglia di Kurukshetra, dove Arjuna affronta un dilemma morale riguardo al suo dovere di impegnarsi nella guerra contro i suoi stessi parenti e venerati insegnanti. Pertanto, lo sfondo geografico e situazionale gioca un ruolo cruciale nella comprensione del contesto degli insegnamenti esposti da Lord Krishna.

Il testo è diviso in 18 capitoli, ognuno dei quali affronta diversi aspetti della vita, del dovere, della rettitudine e della natura dell'esistenza, offrendo una visione completa delle complessità dell'esistenza umana. La progressione dei capitoli rispecchia le fasi di sviluppo del tumulto interiore di Arjuna e dell'evoluzione filosofica, culminando infine nella rivelazione della verità suprema da parte di Lord Krishna. Inoltre, i vari stili di espressione letteraria nella Bhagavad Gita contribuiscono alla sua ricchezza strutturale, integrando perfettamente narrazione, dialogo e poesia sublime. La sua struttura consente un'esplorazione multidimensionale di dilemmi etici, contemplazione spirituale e la ricerca finale dell'illuminazione. Attraverso questa organizzazione coesa, il testo presenta un quadro olistico per gli individui per contemplare le innumerevoli complessità della vita e cercare una risoluzione tra sfide morali ed esistenziali.

Capitolo I
SIMBOLISMO DEI PERSONAGGI DELLA GITA

I personaggi della Bhagavad Gita formano collettivamente un caleidoscopio di intuizioni etiche, filosofiche e teologiche che rispecchiano la perenne ricerca di significato, rettitudine e trascendenza. Le loro interazioni fungono da deposito di saggezza, invitandoci a contemplare le implicazioni delle nostre decisioni e azioni.

La Bhagavad Gita offre un'esplorazione sfumata dei principi morali ed etici, approfondendo la natura del dovere, della virtù e dell'equilibrio cosmico. Questa sintesi delle intuizioni dei personaggi fornisce un mosaico di prospettive sullo scopo della vita, le sfide del processo decisionale e la ricerca ultima dell'illuminazione spirituale. I dialoghi tra Krishna e Arjuna, ambientati sullo sfondo di una guerra imminente, fungono da microcosmo delle lotte eterne affrontate dall'umanità.

Gli insegnamenti di Krishna sull'azione disinteressata, la devozione e l'interconnessione di tutti gli esseri risuonano profondamente con le preoccupazioni esistenziali degli individui attraverso i secoli. L'amalgama di personaggi riflette le dimensioni multiformi dell'esperienza umana e sottolinea la perenne rilevanza degli insegnamenti della Bhagavad Gita nell'esperienza dell'esistenza.

Inoltre, le interazioni tra figure divine come Brahma, Shiva, Vishnu e Indra offrono una prospettiva trascendente sulle dinamiche cosmiche e l'interazione di creazione, conservazione e dissoluzione. I loro ruoli nello svolgimento degli eventi sottolineano la rete del destino e del libero arbitrio, evidenziando la natura paradossale dell'agenzia umana all'interno del più ampio schema dell'ordine cosmico.

Attraverso le gesta e i dilemmi di personaggi mortali come il re Dhritarashtra, Drona, Duryodhana e Yudhishthira, la Gita impartisce lezioni vitali su governance, leadership e conseguenze di arroganza e rettitudine. La giustapposizione delle loro azioni sottolinea i binari morali che affrontano gli individui quando affrontano le scelte e le responsabilità delle loro vite.

Arjuna - L'incarnazione del dilemma umano:

Arjuna, la figura centrale della Bhagavad Gita, incarna i dilemmi esistenziali incontrati dagli individui. Il suo personaggio funge da microcosmo dell'esperienza umana universale: una convergenza di emozioni contrastanti, dilemmi etici e inquietudine spirituale.

All'inizio dell'epopea, Arjuna si confronta con l'arduo compito di impegnarsi in una battaglia catastrofica contro i suoi stessi parenti, venerati insegnanti e amati amici. Questa situazione riassume l'antica lotta tra dovere e moralità, lealtà e rettitudine, e desideri personali contro obblighi sociali.

Il conflitto interiore di Arjuna rispecchia le tensioni perenni insite nella natura umana, alle prese con le complessità del processo decisionale di fronte alle avversità. Il suo tumulto evoca empatia, spingendo all'introspezione nei dilemmi morali e nei dilemmi etici. Attraverso la sua angoscia, la Bhagavad Gita offre un'esplorazione delle lotte psicologiche ed emotive che sostengono la condizione umana.

Inoltre, i pensieri e le domande di Arjuna riecheggiano le domande riguardanti la natura dell'esistenza, lo scopo e il tessuto sottostante della realtà. Mentre dialoga con Lord Krishna, l'auriga e guida divina, le domande di Arjuna esprimono le incertezze e le paure quintessenziali che pervadono la psiche umana. Questi scambi illuminano l'interazione tra fede, conoscenza e dubbio, presentando un arazzo di introspezione filosofica che trascende i confini temporali e culturali.

Inoltre, la trasformazione di Arjuna attraverso la Gita riflette il viaggio universale di auto-scoperta e illuminazione. La sua evoluzione dallo sconforto alla determinazione, dalla confusione alla chiarezza, comprende il viaggio archetipico degli individui che cercano comprensione e risoluzione in mezzo alle tribolazioni della vita.

Krishna - La Guida Divina e l'Insegnante:

Nella Bhagavad Gita, il Signore Krishna emerge come la quintessenza della guida divina e dell'insegnante, impartendo saggezza e guida ad Arjuna nel mezzo del campo di battaglia di Kurukshetra. Come ottavo avatar del Signore Vishnu, Krishna incarna il perfetto equilibrio tra divinità e umanità, fungendo da faro di luce e saggezza per tutti i cercatori di verità e rettitudine.

Gli insegnamenti di Krishna nella Gita trascendono i confini del tempo e dello spazio, risuonando con i lettori attraverso generazioni e culture. Il suo discorso sul dovere (dharma), la rettitudine e la natura del sé si addentra nelle profondità dell'esistenza umana, offrendo intuizioni sullo scopo della vita e sul percorso verso l'illuminazione spirituale.

Il fascino enigmatico del personaggio di Krishna risiede nella sua capacità di intrecciare in modo impeccabile concetti filosofici con saggezza pratica, affrontando efficacemente il tumulto interiore di Arjuna e fornendo lezioni inestimabili che sono rilevanti per il percorso di vita di ogni individuo. I suoi insegnamenti sfidano le norme sociali e le credenze convenzionali, spingendo gli individui a elevarsi al di sopra dei desideri e degli attaccamenti transitori e ad abbracciare una comprensione più elevata del sé e del cosmo.

Inoltre, il ruolo di Krishna come auriga di Arjuna simboleggia la sua presenza modesta ma onnipotente nel guidare l'umanità attraverso le complessità della vita. La sua forma divina e la sua saggezza trascendentale offrono uno sguardo nell'infinita realtà cosmica, ispirando i ricercatori a riconoscere la loro divinità innata e ad allineare le loro azioni con l'ordine universale.

Bhima - Simbolo di forza e lealtà:

Bhima emerge come una figura imponente, venerata per la sua forza senza pari, la sua incrollabile lealtà e il suo sconfinato coraggio. Come secondo figlio di Kunti e Vayu, il dio del vento, la prestanza fisica di Bhima è eguagliata solo dalla sua incrollabile devozione alla rettitudine e alla giustizia. Il suo personaggio funge da simbolo sia di forza fisica che morale, incarnando la quintessenza delle nobili virtù di fronte alle avversità.

Fin dai suoi primi giorni, la potenza eccezionale di Bhima era evidente, spesso suscitando paragoni con il suo padre celeste, Vayu. La sua statura imponente e il suo potere indomabile instillavano timore e timore in egual misura, rendendolo una presenza formidabile sul campo di battaglia. Tuttavia, non è solo la sua potenza fisica a distinguere Bhima; è il suo incrollabile impegno nel sostenere il dharma, o rettitudine, che lo distingue veramente come un modello di virtù.

Bhima dimostra una lealtà incrollabile verso la sua famiglia, in particolare verso il fratello maggiore Yudhishthira e la loro causa comune di stabilire la giustizia e reclamare il loro legittimo regno. Anche di fronte a innumerevoli prove e tribolazioni, la dedizione e la fedeltà di Bhima rimangono intatto, fungendo da esempio ispiratore di devozione familiare e fermezza nella ricerca della verità e dell'onore.

La sua relazione con Draupadi, la moglie comune dei Pandava, chiarisce ulteriormente la personalità poliedrica di Bhima. Nonostante le complessità del loro accordo matrimoniale condiviso, la devozione di Bhima verso Draupadi è caratterizzata da ferocia protettiva e supporto incrollabile, riflettendo non solo il suo valore ma anche il suo profondo senso di responsabilità ed empatia.

La forza e la lealtà di Bhima sono intrecciate con il suo innato senso di giustizia, spingendolo ad affrontare dilemmi morali e ad affrontare lealtà contrastanti con risoluta integrità. Questa lotta interiore, radicata nel suo personaggio, sottolinea la complessa interazione tra potenza fisica e fortezza morale, offrendo un'esplorazione avvincente della natura umana e delle complessità etiche.

Bhishma - Il modello del dovere e dell'onore:

Bhishma, noto anche come Devavrata, è un esempio di incrollabile dedizione al dovere e di incrollabile impegno all'onore nell'epico Mahabharata. Rinomato per il suo eccezionale valore, saggezza e incrollabile lealtà, Bhishma incarna la quintessenza della rettitudine in un'epoca tumultuosa piena di dilemmi morali e discordia familiare.

L'impareggiabile determinazione di Bhishma deriva dalla sua solenne promessa di difendere il trono per suo padre, il re Shantanu, che lo portò a rinunciare al suo diritto alla regalità e a giurare celibato a vita, guadagnandosi così l'epiteto di "Bhishma" o "il terribile giuratore". Il suo voto racchiude la fondamentale importanza che attribuisce all'integrità, all'altruismo e alla devozione filiale, gettando le basi del suo carattere indomito.

Inoltre, il ruolo di Krishna come auriga di Arjuna simboleggia la sua presenza modesta ma onnipotente nel guidare l'umanità attraverso le complessità della vita. La sua forma divina e la sua saggezza trascendentale offrono uno sguardo nell'infinita realtà cosmica, ispirando i ricercatori a riconoscere la loro divinità innata e ad allineare le loro azioni con l'ordine universale.

Bhima - Simbolo di forza e lealtà:

Bhima emerge come una figura imponente, venerata per la sua forza senza pari, la sua incrollabile lealtà e il suo sconfinato coraggio. Come secondo figlio di Kunti e Vayu, il dio del vento, la prestanza fisica di Bhima è eguagliata solo dalla sua incrollabile devozione alla rettitudine e alla giustizia. Il suo personaggio funge da simbolo sia di forza fisica che morale, incarnando la quintessenza delle nobili virtù di fronte alle avversità.

Fin dai suoi primi giorni, la potenza eccezionale di Bhima era evidente, spesso suscitando paragoni con il suo padre celeste, Vayu. La sua statura imponente e il suo potere indomabile instillavano timore e timore in egual misura, rendendolo una presenza formidabile sul campo di battaglia. Tuttavia, non è solo la sua potenza fisica a distinguere Bhima; è il suo incrollabile impegno nel sostenere il dharma, o rettitudine, che lo distingue veramente come un modello di virtù.

Bhima dimostra una lealtà incrollabile verso la sua famiglia, in particolare verso il fratello maggiore Yudhishthira e la loro causa comune di stabilire la giustizia e reclamare il loro legittimo regno. Anche di fronte a innumerevoli prove e tribolazioni, la dedizione e la fedeltà di Bhima rimangono intatte, fungendo da esempio ispiratore di devozione familiare e fermezza nella ricerca della verità e dell'onore.

La sua relazione con Draupadi, la moglie comune dei Pandava, chiarisce ulteriormente la personalità poliedrica di Bhima. Nonostante le complessità del loro accordo matrimoniale condiviso, la devozione di Bhima verso Draupadi è caratterizzata da ferocia protettiva e supporto incrollabile, riflettendo non solo il suo valore ma anche il suo profondo senso di responsabilità ed empatia.

La forza e la lealtà di Bhima sono intrecciate con il suo innato senso di giustizia, spingendolo ad affrontare dilemmi morali e ad affrontare lealtà contrastanti con risoluta integrità. Questa lotta interiore, radicata nel suo personaggio, sottolinea la complessa interazione tra potenza fisica e fortezza morale, offrendo un'esplorazione avvincente della natura umana e delle complessità etiche.

Bhishma - Il modello del dovere e dell'onore:

Bhishma, noto anche come Devavrata, è un esempio di incrollabile dedizione al dovere e di incrollabile impegno all'onore nell'epico Mahabharata. Rinomato per il suo eccezionale valore, saggezza e incrollabile lealtà, Bhishma incarna la quintessenza della rettitudine in un'epoca tumultuosa piena di dilemmi morali e discordia familiare.

L'impareggiabile determinazione di Bhishma deriva dalla sua solenne promessa di difendere il trono per suo padre, il re Shantanu, che lo portò a rinunciare al suo diritto alla regalità e a giurare celibato a vita, guadagnandosi così l'epiteto di "Bhishma" o "il terribile giuratore". Il suo voto racchiude la fondamentale importanza che attribuisce all'integrità, all'altruismo e alla devozione filiale, gettando le basi del suo carattere indomito.

Per tutta la saga in divenire del Mahabharata, Bhishma funge da infallibile baluardo di virtù, impartendo consigli sagaci e incarnando ideali di cavalleria, nobiltà e noblesse oblige. La sua incrollabile adesione alla condotta etica e alla moralità inattaccabile lo elevano a modello di rettitudine in mezzo al tumultuoso sfondo di faide familiari, dilemmi di principio ed esigenze di guerra.

Un episodio chiave che incarna l'impegno di Bhishma per l'onore è il suo ruolo fondamentale nella grande guerra di Kurukshetra. Nonostante nutra affetto sia per i Kaurava che per i Pandava, Bhishma rispetta fermamente il suo solenne giuramento di fedeltà a Hastinapura, rifiutandosi di vacillare dal suo dharma anche di fronte all'angoscia personale e agli enigmi etici. Nel farlo, Bhishma personifica lo straziante conflitto interiore che sorge quando la coscienza individuale si scontra con il dovere, illuminando risolutamente la forza morale e i sacrifici implicati nel sostenere i propri principi.

Brahma - L'influenza del Creatore nella Gita:

Nella Bhagavad Gita, la presenza e l'influenza di Brahma, la divinità creatrice dell'Induismo, permeano la narrazione, offrendo intuizioni filosofiche e implicazioni teologiche. Come fonte ultima della creazione e architetto dell'universo, Brahma rappresenta la forza metafisica che sostiene l'intero ordine cosmico.

In tutta la Gita, i riferimenti a Brahma servono come promemoria della natura ciclica dell'esistenza e dell'interconnessione di tutte le forme di vita. Il concetto di creazione, conservazione e distruzione incarnato da Brahma, Vishnu e Shiva rispecchia il ritmo eterno di nascita, vita e morte sperimentato da tutti gli esseri. Questa natura ciclica dell'esistenza è fondamentale per comprendere l'impermanenza del mondo materiale, così come la natura eterna dell'anima.

Inoltre, gli insegnamenti del Signore Krishna ad Arjuna riflettono spesso i principi di base stabiliti da Brahma. L'idea di dharma, o rettitudine, e il concetto di compiere i propri doveri senza attaccamento ai frutti delle azioni sono intrinsecamente collegati all'ordine cosmico stabilito da Brahma. Aderendo a questi principi, gli individui si allineano con la natura essenziale dell'universo, raggiungendo così l'armonia spirituale e adempiendo ai loro ruoli ordinati nel grande schema della creazione.

Le diverse manifestazioni di Brahma sotto forma di creazione sono metaforicamente riflesse nei personaggi e nelle circostanze sfaccettati ritratti nella Gita. Il viaggio e i dilemmi etici di ogni personaggio simboleggiano diversi aspetti del processo creativo, illustrando le complessità insite nell'atto della manifestazione. Esaminando questi personaggi e le loro lotte, acquisiamo una visione della natura multiforme della creazione e delle scelte morali che plasmano i destini individuali.

Re Dhritarashtra - Cecità, negazione e potere:

Il re Dhritarashtra, il figlio maggiore del re Vichitravirya e della regina Ambika, è un personaggio complesso e intrigante della Bhagavad Gita. La sua storia serve come esplorazione dei temi della cecità, della negazione e dell'inebriante fascino del potere. In quanto monarca cieco della dinastia Kuru, la cecità fisica di Dhritarashtra diventa una metafora evocativa della sua cecità morale e spirituale. Questa cecità non solo ostacola la sua capacità di percepire la verità, ma simboleggia anche l'ignoranza volontaria che caratterizza la sua leadership e il suo processo decisionale. Nonostante questa limitazione, la brama di potere e autorità di Dhritarashtra lo spinge a fare scelte che hanno conseguenze di vasta portata per lui stesso, la sua famiglia e il regno di Hastinapura.

Al centro del personaggio di Dhritarashtra c'è un potente cocktail di orgoglio, insicurezza e un'insaziabile sete di controllo. Questa miscela tossica alla fine lo porta lungo un percorso di autoinganno e scelte dannose. La negazione da parte di Dhritarashtra della rettitudine della causa dei Pandava e il suo incondizionato sostegno al figlio intrigante, il principe Duryodhana, evidenziano l'influenza distruttiva dell'ambizione incontrollata e il potenziale di decadimento morale. Nonostante i saggi consigli di Vidura e di altri sostenitori, Dhritarashtra rimane trincerato nei suoi deliri, rifiutandosi di riconoscere le ripercussioni delle sue azioni. La sua riluttanza a confrontarsi con la realtà e ad abbracciare la chiarezza morale non solo suggella il suo tragico destino, ma spinge anche l'epopea verso il suo climax catastrofico.

Drona - Il mentore dilematico:

Dronacharya emerge come una figura complessa e fondamentale, che incarna una moltitudine di contraddizioni e dilemmi morali. Come venerato mentore sia dei Kaurava che dei Pandava, le azioni e le decisioni di Dronacharya riecheggiano di complessità etiche e implicazioni filosofiche, rendendolo un soggetto avvincente per l'analisi.

La vita di Dronacharya comprende un viaggio segnato da virtuosismo, lealtà e conflitto interiore. Nato come figlio di Bharadwaja, ottenne una competenza senza pari nella guerra e divenne famoso come uno dei massimi maestri di arti militari. La sua impareggiabile abilità con le armi e le abilità di combattimento lo portarono alla nomina a precettore di Hastinapur, dove assunse il ruolo di guida e istruzione dei giovani principi, tra cui l'illustre arciere Arjuna.

Tuttavia, l'incrollabile impegno di Dronacharya verso il dovere e l'onore si intreccia nelle complessità delle sue relazioni e lealtà. La sua fedeltà a Hastinapur e ai suoi governanti, unita al suo affetto per il suo allievo preferito, Arjuna, genera una rete di interessi contrastanti e dilemmi morali. Nel corso della narrazione, Dronacharya si ritrova combattuto tra i suoi obblighi di guru, i suoi attaccamenti personali e le dinamiche politiche che lo avvolgono.

La narrazione che coinvolge Dronacharya è anche punteggiata da casi di ambiguità etica e tumulti interni. Il suo ruolo fondamentale nella famigerata squalifica di Ekalavya, un arciere tribale eccezionalmente dotato, presenta una rappresentazione toccante degli scontri tra integrità individuale e aspettative sociali. Inoltre, la partecipazione di Dronacharya alla guerra di Kurukshetra, in cui combatte dalla parte dei Kaurava nonostante nutra riserve sulla loro condotta, incapsula l'interazione di responsabilità morale, parentela e integrità professionale.

Inoltre, i dilemmi di Dronacharya hanno rilevanza nei contesti contemporanei, risuonando con temi di tutoraggio, leadership e la natura del processo decisionale umano. Il suo carattere multidimensionale invita all'introspezione nelle sfumature delle scelte etiche, nelle complessità delle lealtà e nelle implicazioni di vasta portata delle azioni individuali all'interno di quadri sociali e politici più ampi.

Principe Duryodhana - L'archetipo dell'ambizione e dell'eccesso:

Il principe Duryodhana, il più anziano dei Kaurava, incarna l'archetipo dell'ambizione e dell'eccesso nel grande poema epico indiano, il Mahabharata. Il suo personaggio rappresenta gli aspetti più oscuri della natura umana e funge da racconto ammonitore sui pericoli dell'ambizione sfrenata e del desiderio incontrollato di potere.

Fin da giovane, l'ambizione di Duryodhana è evidente nella sua incrollabile determinazione a reclamare il trono di Hastinapura, nonostante le legittime pretese dei Pandava, suoi cugini. La sua ambizione non conosce limiti ed è disposto a ricorrere all'inganno, alla manipolazione e al tradimento per soddisfare i suoi desideri. Questa insaziabile sete di potere evidenzia le pericolose conseguenze dell'ambizione incontrollata, poiché porta a conflitti, tradimenti e, in ultima analisi, alla distruzione.

L'orgoglio eccessivo e l'arroganza di Duryodhana esemplificano ulteriormente il suo archetipo. Il suo rifiuto di riconoscere le legittime rivendicazioni dei Pandava e la sua incessante ricerca del predominio riflettono la natura distruttiva dell'orgoglio eccessivo. In tutto il Mahabharata, le azioni di Duryodhana sono guidate da una fame insaziabile di potere e da una riluttanza ad accettare qualsiasi forma di compromesso o conciliazione.

Oltre alla sua ambizione e orgoglio personali, Duryodhana simboleggia anche l'influenza corruttrice del materialismo e della ricchezza. La sua grandezza e opulenza, alimentate dalla sua inestinguibile sete di potere, lo conducono lungo un sentiero di degradazione morale e bancarotta spirituale. Il suo stile di vita sontuoso e l'indulgenza nel lusso servono come promemoria delle insidie del materialismo eccessivo e dell'erosione dei valori etici.

L'incapacità di Duryodhana di riconoscere il vero valore e l'integrità negli altri amplifica il suo tragico difetto. Il suo disprezzo per virtù come la rettitudine, l'onestà e l'umiltà lo acceca alla bontà intrinseca di coloro che lo circondano, isolandolo infine nella sua stessa rete di ambizione ed eccessi.

Indra e Janaka - Illustrazioni di regalità e santità:

Nella Bhagavad Gita, i personaggi di Indra e Janaka servono rispettivamente come illustrazioni di regalità e santità. Queste due figure esemplificano i doppi ruoli del potere mondano e della saggezza spirituale, gettando luce sulle complessità e sulle responsabilità che accompagnano la leadership e l'illuminazione. In quanto tali, le loro narrazioni diventano componenti essenziali per comprendere le intuizioni morali e filosofiche intrecciate in tutta la Gita.

Indra, il re degli dei nella mitologia indù, simboleggia l'apice dell'autorità temporale e della sovranità. Il suo valore, la sua forza e il suo dominio sui regni celestiali ritraggono l'epitome del potere regale. Nella Gita, Indra si erge come rappresentazione della leadership e del governo al suo stato più elevato, dimostrando la supremazia e il peso insiti nel governare sia i domini mortali che quelli immortali. Attraverso il suo personaggio, ci vengono presentate le sfide affrontate da coloro che ricoprono posizioni di grande autorità, offrendo una finestra sulle dinamiche del comando, della giustizia e della responsabilità.

Al contrario, Janaka, il famoso re di Mithila, incarna l'archetipo della virtù santa e dell'illuminazione spirituale. Tra i suoi doveri reali, l'incrollabile impegno di Janaka per la rettitudine e l'autorealizzazione risplende come un esempio radioso dell'armonizzazione della responsabilità mondana e della saggezza trascendente. La sua storia serve come testimonianza del potenziale per il risveglio spirituale e l'altruismo anche all'interno del regno del governo terreno. La capacità di Janaka di affrontare il mondo materiale pur sostenendo i valori spirituali impartisce insegnamenti inestimabili sull'integrazione di moralità e divinità nella ricerca di una vera realizzazione e armonia sociale.

Quando si considera la giustapposizione di Indra e Janaka, i lettori sono invitati a contemplare l'interazione tra potere temporale e guida spirituale. I percorsi distinti ma interconnessi di queste figure svelano l'arazzo dell'esistenza umana, dove l'autorità secolare si intreccia con l'intuizione sacra. Attraverso le loro storie, la Bhagavad Gita non solo impartisce lezioni sulla natura della leadership e della rettitudine, ma illumina anche il potenziale degli individui di incarnare simultaneamente sia l'eccellenza secolare che quella spirituale. In quanto tali, i resoconti di Indra e Janaka hanno una rilevanza significativa per le esplorazioni contemporanee di governance, etica e ricerca della trascendenza interiore. Le loro narrazioni servono come fari di ispirazione, spingendoci a cercare approcci olistici alla vita che onorino sia le responsabilità mondane sia le verità eterne.

I Kaurava - Manifestazione del conflitto:

All'interno dell'intero Mahabharata, i personaggi noti come Kaurava sono l'incarnazione del conflitto e delle sue manifestazioni multiformi. Guidati dall'ambizioso e invidioso Duryodhana, i Kaurava esemplificano l'oscurità che risiede nella psiche umana, simboleggiando così la lotta intrinseca tra rettitudine e malevolenza. I fratelli non sono semplicemente un gruppo di individui, ma piuttosto una forza collettiva che rappresenta le varie dimensioni della discordia che affliggono il mondo.

Duryodhana, spinto dalla sua implacabile ambizione e dall'insaziabile desiderio di potere, diventa il principale architetto delle crescenti tensioni che alla fine portano alla guerra catastrofica di Kurukshetra. Le sue azioni e decisioni sono cariche di egoismo e inganno, fungendo da duro promemoria del potenziale distruttivo dell'ego e dell'avidità incontrollati. Mentre Duryodhana lotta con sentimenti di inadeguatezza e risentimento verso i suoi virtuosi cugini, i semi dell'inimicizia mettono radici e gradualmente germogliano in un conflitto irrefrenabile.

I Kaurava, riflettendo collettivamente gli aspetti più oscuri dell'umanità, non sono privi di complessità. Ogni membro contribuisce al tumulto in corso nel suo modo distinto, aggiungendo strati di profondità alla narrazione sovrastante. Le loro ideologie contrastanti, le alleanze fuorvianti e le scelte moralmente dubbie tessono un arazzo di discordia che espone la fragilità dei principi etici quando confrontati con tentazioni e avversità.

I Kaurava servono come rappresentazione ammonitrice delle conseguenze del soccombere ai propri istinti di base e dell'abbandonare il sentiero della rettitudine. La loro traiettoria è una seria testimonianza delle ramificazioni di vasta portata della tirannia incontrollata e dell'erosione dell'integrità morale. Attraverso le loro azioni e convinzioni, i Kaurava provocano un'introspezione sulla natura del conflitto, illuminando l'interazione tra desideri personali, aspettative sociali e la battaglia tra il bene e il male.

I Pandava - Allegoria della Rettitudine:

I Pandava sono l'incarnazione archetipica della rettitudine e della giustizia in tempi turbolenti. Guidati dal nobile Yudhishthira, personificano le qualità dell'onore, dell'integrità e della forza morale di fronte alle avversità. La storia dei Pandava funge da allegoria, risuonando con temi universali di condotta etica, dovere familiare e incrollabile ricerca della verità.

Yudhishthira, il più anziano dei fratelli Pandava, incarna i principi di governo retto e leadership virtuosa. Il suo incrollabile impegno verso il dharma, o rettitudine, lo distingue come un modello di integrità morale. Nonostante abbia dovuto affrontare numerose prove e tribolazioni, Yudhishthira rimane risoluto nel sostenere i suoi principi, incarnando l'essenza della rettitudine nella sua forma più pura.

Insieme a Yudhishthira, i suoi fratelli - Bhima, Arjuna, Nakula e Sahadeva - contribuiscono ciascuno alla narrazione allegorica della rettitudine nei loro modi unici. Bhima esemplifica forza fisica, lealtà e coraggio, mentre Arjuna incarna valore, abilità e incrollabile devozione al dovere. Nakula e Sahadeva, sebbene meno in evidenza, simboleggiano grazia, umiltà e incrollabile sostegno alla loro famiglia e causa.

Le prove e le tribolazioni affrontate dai Pandava servono da specchio ai nostri dilemmi morali e dilemmi etici. La loro incrollabile adesione alla rettitudine, nonostante le innumerevoli tentazioni e ingiustizie che affrontano, ci ispira a contemplare il significato della rettitudine morale nelle nostre vite. Mentre ci addentriamo nelle profondità allegoriche del viaggio dei Pandava, siamo invitati a riflettere sulle lotte universali tra giusto e sbagliato, dovere e desiderio e la ricerca di una condotta etica in un mondo pieno di complessità e ambiguità morale.

Sanjaya - Il narratore preveggente:

Nella grande epopea del Mahabharata, Sanjaya emerge come una figura fondamentale che funge da narratore preveggente, fornendo intuizioni e commenti essenziali sugli eventi in corso della guerra di Kurukshetra. Come auriga e confidente del re Dhritarashtra, Sanjaya possiede lo straordinario dono della chiaroveggenza, che gli consente di assistere e trasmettere l'intera guerra al re cieco. Il suo ruolo di veggente e narratore infonde alla narrazione profondità e prospettiva, infondendola di riflessioni filosofiche e morali. Attraverso i suoi occhi, otteniamo accesso ai meccanismi interni delle menti dei personaggi, alle loro motivazioni e alle conseguenze delle loro azioni, arricchendo così la nostra comprensione delle complesse esperienze umane e dei dilemmi etici in gioco.

La narrazione di Sanjaya trascende la mera narrazione; diventa un veicolo per intuizioni sulla condizione umana, la moralità e i dilemmi etici che continuano a risuonare nei lettori attraverso i secoli. Arriviamo a riconoscere Sanjaya non solo come un canale per le informazioni, ma come un saggio la cui saggezza e discernimento servono a illuminare gli insegnamenti e le lezioni contenute nella Bhagavad Gita e nel Mahabharata. La sua capacità di trasmettere le sfumature della saga in divenire ci concede una visione panoramica delle lotte, dei trionfi e delle tragedie della grande guerra, offrendo allo stesso tempo una guida spirituale e filosofica. Oltre a essere un testimone della storia, Sanjaya incarna l'incarnazione della saggezza, della compassione e della percezione acuta, rendendolo una guida indispensabile per sperimentare il labirintico paesaggio morale raffigurato nell'antica epopea indiana.

Shiva e Vishnu - Aspetti divini e i loro doppi ruoli:

Nella Bhagavad Gita, i personaggi di Shiva e Vishnu fungono da aspetti divini vitali che racchiudono un significato filosofico e teologico. Shiva, la potente ed enigmatica divinità associata alla distruzione e al rinnovamento, rappresenta le forze cosmiche del cambiamento e della trasformazione. Al contrario, Vishnu, il conservatore e sostenitore dell'universo, incarna l'essenza dell'ordine, dell'armonia e della conservazione. Entrambe le divinità svolgono ruoli fondamentali nel pantheon indù e i loro doppi ruoli si intersecano negli insegnamenti della Gita.

Shiva, spesso raffigurato come l'asceta con i capelli arruffati e un terzo occhio sulla fronte, personifica la natura trascendentale e selvaggia dell'esistenza. La sua presenza incarna le forze distruttive che aprono la strada alla rinascita e alla rigenerazione, raffigurando la natura ciclica della creazione e della distruzione. Attraverso il comportamento feroce ma compassionevole di Shiva, la Gita trasmette l'inevitabilità del cambiamento e l'impermanenza delle manifestazioni mondane. Questa rappresentazione di Shiva esorta i lettori ad abbracciare il flusso della vita e a trovare la crescita spirituale attraverso l'accettazione e la resa.

D'altro canto, Vishnu, con il suo aspetto sereno e la sua indole protettiva, rappresenta la forza stabilizzatrice che mantiene l'equilibrio nel cosmo. Come custode del dharma (rettitudine) e incarnazione dell'amore e della compassione, Vishnu sottolinea l'importanza di sostenere l'ordine morale e la rettitudine in mezzo alla turbolenza del mondo materiale. La Gita integra perfettamente l'influenza benevola di Vishnu per impartire principi etici, esortando gli individui ad agire altruisticamente e onorare i sacri doveri inerenti ai rispettivi ruoli.

Inoltre, l'interazione tra Shiva e Vishnu nella Gita evidenzia i loro ruoli complementari all'interno dello schema cosmico. Mentre l'aspetto distruttivo di Shiva funge da catalizzatore per la trasformazione e l'evoluzione, la natura conservativa di Vishnu assicura continuità e stabilità. Questa dualità armoniosa incoraggia i lettori a riconoscere la necessità sia della creazione che della conservazione nel grande disegno dell'esistenza, favorendo così una comprensione equilibrata dei processi ciclici della vita.

Shiva e Vishnu esemplificano la nozione di unità nella diversità, chiarendo l'unità sottostante di tutta l'esistenza nonostante l'apparente molteplicità di forme. La Gita risuona con l'essenza di questa unità, sottolineando che nonostante le apparenti differenze nei loro attributi, Shiva e Vishnu alla fine convergono come diverse sfaccettature della stessa realtà eterna. Questa unificazione dei loro ruoli duali rieccheggia il più ampio concetto metafisico di non dualità (advaita), invitando i lettori a trascendere le illusioni di separatezza e riconoscere l'unità sottostante che pervade l'intero cosmo.

Yudhishthira - Giustizia e integrità morale:

Yudhishthira, il più anziano dei Pandava, è l'epitome della rettitudine e dell'integrità morale nella Bhagavad Gita. Il suo incrollabile impegno verso il dharma, o dovere, funge da luce guida per tutta la narrazione epica, rafforzando i temi sovrastanti di giustizia e virtù.

Fin dalla sua giovinezza, Yudhishthira ha mostrato una profonda comprensione dei principi morali e una dedizione incrollabile nel sostenere la rettitudine di fronte alle avversità. L'episodio dello Yaksha Prashna, in cui le risposte di Yudhishthira a una serie di domande enigmatiche alla fine riportano in vita i suoi fratelli, esemplifica la sua incrollabile devozione alla verità e alla moralità.

Il carattere di Yudhishthira è definito dalla sua lotta interiore per mantenere una condotta etica in mezzo ai tumultuosi eventi del Mahabharata. Il suo impegno nel sostenere la giustizia anche nelle circostanze più difficili lo distingue come un modello di rettitudine morale e integrità.

Per tutto il corso dell'epopea, Yudhishthira si confronta continuamente con le complessità della rettitudine e le sfide poste dai dilemmi etici. La sua incrollabile adesione al dharma, anche quando si trova di fronte all'angoscia personale e all'ambiguità morale, simboleggia la sua incrollabile dedizione alla verità e alla virtù.

D'altra parte, la toccante introspezione di Yudhishthira sul campo di battaglia, in particolare prima della Grande Guerra, offre spunti sulla natura del dovere, dell'onore e della responsabilità morale. Il suo dialogo interiore riflette la profondità delle sue convinzioni etiche e gli oneri della leadership, illuminando i fondamenti filosofici del suo carattere.

Capitolo II
TEMI, CONTESTO E IMPATTO – VYASA E LA GITA

Contesto storico e significato della Bhagavad Gita:

Il contesto storico della Bhagavad Gita è profondamente radicato nell'antica civiltà indiana, in particolare durante il periodo del Mahabharata, uno dei più grandi poemi epici della mitologia indù. La composizione della Gita ebbe luogo nel contesto tumultuoso della guerra di Kurukshetra, un evento cruciale nella storia indiana. Questa guerra non solo rappresentò una battaglia fisica tra i Pandava e i Kaurava, ma simboleggiava anche la lotta etica, morale e metafisica che giaceva al centro dell'esistenza umana.

Le influenze culturali e religiose prevalenti durante quest'epoca hanno svolto un ruolo significativo nel dare forma ai temi e alle filosofie esposti nella Gita. Queste influenze comprendevano le diverse tradizioni spirituali e i discorsi filosofici che fiorirono all'interno della società vedica, inclusi i concetti di dharma (dovere/rettitudine), karma (azione) e ricerca della liberazione (moksha). La Bhagavad Gita emerse come una sintesi di queste influenze multiformi, offrendo intuizioni sulla natura dell'esistenza, sulla condotta umana e sulla realizzazione spirituale.

Le dinamiche socio-politiche dell'antica India, caratterizzate da complesse strutture di potere e gerarchie sociali, gettano un'ombra anche sulla narrazione della Gita, riflettendo le disparità sociali prevalenti e i dilemmi etici affrontati dagli individui all'interno di tale quadro. Il significato del testo risiede non solo nella sua profondità filosofica e teologica, ma anche nella sua capacità di risuonare con le preoccupazioni fondamentali dell'umanità in diverse epoche.

Vita e contributi di Vyasa:

Krishna Dvaipayana, più comunemente noto come Vyasa, è una figura venerata nella tradizione indù e gli viene attribuita la composizione del Mahabharata, di cui fa parte la Bhagavad Gita. Si sa poco della nascita e della prima infanzia di Vyasa, ma il suo impatto sulle tradizioni religiose e filosofiche dell'India è incommensurabile. Come compilatore dei Veda e autore di diversi Purana, l'influenza di Vyasa si estende ben oltre il racconto epico del Mahabharata.

Secondo i resoconti tradizionali, Vyasa nacque dal saggio Parashara e da una pescatrice di nome Satyavati. Il suo nome "Vyasa" significa "organizzatore" o "compilatore", riflettendo il suo ruolo di organizzatore e trasmettitore della conoscenza vedica. Si dice che Vyasa possedesse uno straordinario intelletto e intuito spirituale fin da giovane età, e la sua saggezza fu riconosciuta sia dai saggi che dagli studiosi.

I contributi di Vyasa al patrimonio letterario e filosofico dell'India sono monumentali. Oltre a compilare e categorizzare i Veda, si ritiene che abbia diviso gli insegnamenti in quattro parti, portando alla classificazione del Rigveda, Yajurveda, Samaveda e Atharvaveda. Questa divisione ha gettato le basi per la conservazione e la diffusione della conoscenza vedica.

Il Mahabharata, spesso considerato la sua opera più grande, è uno dei poemi epici più lunghi della letteratura mondiale. La sua rappresentazione di dilemmi umani, enigmi etici e principi cosmici lo ha reso una fonte di riflessione e contemplazione. In questa magnum opus, Vyasa non solo ha racchiuso la narrazione della guerra di Kurukshetra, ma ha anche esposto concetti filosofici attraverso il dialogo e il discorso.

Vyasa è celebrato non solo come figura letteraria, ma anche come luminare spirituale. Le sue intuizioni sulla natura dell'esistenza, il dharma e la realtà ultima hanno lasciato un segno indelebile nel panorama filosofico dell'India. La sua paternità della Bhagavad Gita, una scrittura spirituale venerata per la sua saggezza e guida pratica, ha ulteriormente consolidato la sua reputazione di pensatore e veggente preminente.

Il Mahabharata:

Il Mahabharata, uno dei due principali poemi epici sanscriti dell'antica India, è una narrazione epica della guerra di Kurukshetra e dei destini dei principi Kaurava e Pandava. È attribuito al saggio Vyasa e costituisce parte integrante della mitologia e della spiritualità indiana. Il Mahabharata comprende vari elementi, tra cui insegnamenti filosofici e devozionali, storie di eroismo e valore, dilemmi morali e complesse relazioni familiari.

Composto da oltre 100.000 versi, il Mahabharata non è solo un racconto di guerra, ma anche un tesoro di saggezza, rettitudine e virtù umane. Al centro della saga c'è il conflitto tra i Pandava e i Kaurava, che culmina in una battaglia catastrofica a Kurukshetra. L'epopea offre una visione panoramica della vita e della società dell'antica India, che comprende dialoghi, sottotrame e lezioni sulla virtù e sul dovere. La narrazione generale si addentra anche nei regni metafisici e spirituali, incorporando gli insegnamenti del dharma, del karma e della natura della realtà.

Inoltre, il Mahabharata funge da compendio di conoscenze eterogenee, esponendo argomenti che spaziano dalla politica e dalla governance all'etica e alla spiritualità. I suoi temi universali e la sua rilevanza lo hanno posto al centro della cultura e della letteratura indiana, ispirando innumerevoli adattamenti, interpretazioni e studi accademici nel corso dei secoli.

Ruolo della Bhagavad Gita all'interno del Mahabharata:

La Bhagavad Gita è parte integrante dell'epica Mahabharata, dove appare sotto forma di dialogo tra il principe Arjuna e il Signore Krishna. Questo testo sacro è incastonato nella narrazione più ampia del Mahabharata, un'epica significativa che comprende un ricco arazzo di personaggi, ambientazioni ed eventi. Il contesto della narrazione della Bhagavad Gita è fondamentale per comprendere il suo impatto sulla narrazione nel suo complesso. Mentre la guerra di Kurukshetra incombe, Arjuna si ritrova ad affrontare dilemmi morali ed etici riguardo alla sua partecipazione all'imminente battaglia. È in questo momento critico che il Signore Krishna impartisce saggezza ad Arjuna, affrontando i suoi dubbi e fornendo una guida che trascende l'immediato campo di battaglia. La Bhagavad Gita funge quindi sia da discorso filosofico che da guida pratica per un'azione retta in mezzo a tumulti e interrogativi esistenziali all'interno della struttura del Mahabharata. La sua presenza in questo poema epico non solo aggiunge profondità e significato spirituale alla trama generale, ma eleva anche la narrazione addentrandosi in indagini sul dovere, la rettitudine e la natura dell'esistenza. L'integrazione della Bhagavad Gita nel Mahabharata esemplifica come l'antica letteratura indiana intrecci senza soluzione di continuità gli insegnamenti filosofici nella narrazione epica, offrendoci una visione completa dell'esperienza umana e dei dilemmi morali.

Fondamenti filosofici nella Gita:

La Gita presenta una sintesi di vari concetti filosofici e scuole di pensiero, tra cui, ma non solo, Vedanta, Samkhya e Yoga. Questa fusione di filosofie funge da quadro completo per comprendere la natura della realtà, l'esistenza umana e il percorso verso l'illuminazione spirituale. Al centro del fondamento filosofico della Gita c'è l'esplorazione del sé, il concetto di dharma e l'obiettivo finale della liberazione.

Uno dei temi filosofici chiave della Gita è la spiegazione della vera natura del sé, noto come Atman. Attraverso gli insegnamenti del Signore Krishna, la Gita espone la natura eterna e immutabile del sé, distinta dal corpo fisico deperibile. Questa intuizione della natura del sé costituisce la base della filosofia della Gita, sottolineando l'essenza trascendentale dell'individuo al di là del regno materiale.

Inoltre, la Gita approfondisce il concetto di dharma, o rettitudine e dovere. Affronta le complessità dei dilemmi etici e delle responsabilità morali, guidando gli individui a discernere e sostenere i loro doveri giusti, rinunciando all'attaccamento ai frutti delle loro azioni. Il discorso filosofico della Gita sul dharma sottolinea l'importanza della condotta etica e dell'allineamento delle proprie azioni con i principi universali, contribuendo così all'armonia dell'ordine cosmico.

I fondamenti filosofici nella Gita si estendono alla ricerca della liberazione, o moksha, che rappresenta l'obiettivo ultimo della vita umana secondo la filosofia vedica. La Gita delinea vari percorsi per raggiungere la liberazione, inclusi i percorsi della conoscenza (Jnana Yoga), della devozione (Bhakti Yoga) e dell'azione disciplinata (Karma Yoga). Questi percorsi forniscono diversi approcci ai ricercatori per realizzare la verità eterna e trascendere il ciclo di nascita e morte.

Temi e motivi:

La Bhagavad Gita comprende un ricco arazzo di temi e motivi, ognuno dei quali contribuisce alla sua profondità filosofica. Centrale tra questi è il concetto di dharma, o dovere, che funge da principio guida per la condotta umana. La Gita esplora la natura multiforme del dharma, sottolineando l'importanza di adempiere ai propri obblighi trascendendo l'attaccamento ai risultati delle azioni. Questo tema risuona profondamente nella narrazione del dilemma morale di Arjuna sul campo di battaglia, sottolineando il conflitto tra doveri familiari e considerazioni etiche.

Inoltre, il motivo dello yoga, non solo come esercizio fisico, ma come percorso verso la realizzazione spirituale, permea il testo. La Gita chiarisce varie forme di yoga, come il karma yoga (lo yoga dell'azione disinteressata), il bhakti yoga (lo yoga della devozione) e il jnana yoga (lo yoga della conoscenza), presentandoli come percorsi interconnessi per raggiungere l'armonia interiore e la comunione con il divino.

Un altro tema importante è la dicotomia tra il corpo deperibile e l'anima immortale. Attraverso dialoghi allegorici e metafore, la Gita espone l'essenza eterna del sé (atman) e il suo distacco dal regno transitorio dell'esistenza materiale. Questa esplorazione esistenziale invita i lettori a contemplare l'impermanenza della vita fisica e la natura dell'anima, spingendo all'introspezione nell'essenza dell'identità umana.

D'altra parte, l'interazione tra azione e rinuncia emerge come un motivo ricorrente. La Gita sottolinea l'importanza di svolgere i propri doveri prescritti senza attaccamento ai frutti del lavoro, sostenendo un approccio equilibrato all'impegno mondano e al distacco spirituale. Questa giustapposizione sottolinea il concetto fondamentale di nishkama karma, raffigurandolo come un mezzo per armonizzare le responsabilità mondane con la ricerca della liberazione spirituale.

Il tema della manifestazione divina e dell'ordine universale pervade la Gita, raffigurando l'onnipresenza del divino in tutta la creazione. Il testo svela lo spettacolo cosmico della divinità dentro e oltre il mondo tangibile, impartendo un senso di interconnessione e riverenza per la presenza divina in ogni aspetto dell'esistenza.

Intenzioni e stile letterario di Vyasa:

L'intenzione primaria di Vyasa nel presentare la Bhagavad Gita all'interno della cornice dell'epopea del Mahabharata era quella di offrire un discorso spirituale che non solo impartisse una guida morale ed etica, ma affrontasse anche le questioni fondamentali relative all'esistenza, al dovere e alla natura della realtà. Incorporando gli insegnamenti del Signore Krishna nel contesto più ampio della guerra di Kurukshetra, Vyasa intreccia magistralmente le intuizioni filosofiche con la narrazione drammatica e avvincente dell'epopea, assicurando così che le verità spirituali risuonino profondamente nei cuori e nelle menti dei lettori. È evidente che Vyasa ha cercato di trasmettere un messaggio che trascende i confini del tempo e del luogo, rendendo la Gita rilevante e applicabile a tutte le epoche.

In termini di stile letterario, la maestria di Vyasa è evidente nella perfetta miscela di versi poetici, dialoghi ed esposizione narrativa. L'uso di simbolismo, allegoria e metafora infonde la Gita con strati di significato, invitando alla contemplazione e all'interpretazione a più livelli. Attraverso metafore toccanti come il campo di battaglia che funge da metafora per la lotta umana e l'auriga che simboleggia la guida divina, Vyasa impiega un ricco arazzo di espedienti letterari per trasmettere verità spirituali in un modo che cattura l'immaginazione e l'intelletto del lettore. Inoltre, la capacità di Vyasa di articolare concetti filosofici complessi in modo lucido e accessibile mette in mostra la sua abilità senza pari sia come filosofo che come narratore.

Impatto sul pensiero filosofico successivo:

L'influenza della Gita si estende ben oltre i confini dell'antica India, permeando anche i regni della filosofia occidentale. I concetti chiariti nella Gita, come la natura del sé, i percorsi verso la realizzazione spirituale e l'etica dell'azione, hanno ispirato innumerevoli filosofi, teologi e pensatori nel corso della storia.

Uno degli ambiti chiave in cui la Bhagavad Gita ha avuto un impatto sul pensiero filosofico successivo è nel regno dell'esistenzialismo. La contemplazione della Gita sul significato della vita, la natura del dovere e la lotta umana per l'autorealizzazione risuona profondamente con filosofi esistenzialisti come Søren Kierkegaard, Jean-Paul Sartre e Friedrich Nietzsche. L'esplorazione della Gita di scelta, responsabilità e autenticità trova echi nelle opere di questi influenti pensatori occidentali, arricchendo il discorso sulla condizione umana.

D'altro canto, la spiegazione della Gita di diversi percorsi yogici e del concetto di trascendenza ha trovato parallelismi negli scritti di fenomenologi e metafisici moderni. L'enfasi della Gita sull'unità dell'essere, sul ruolo della coscienza e sulla ricerca della liberazione ha innescato un'intensa ricerca filosofica sulla natura della realtà e della coscienza, contribuendo all'evoluzione del pensiero metafisico in Occidente.

Le dimensioni etiche delineate nella Bhagavad Gita hanno lasciato un impatto duraturo sulle teorie etiche e sulle filosofie morali in tutte le culture. Gli insegnamenti della Gita sull'azione retta, il distacco e la natura del dharma hanno stimolato discussioni sull'etica della virtù, l'etica deontologica e il consequenzialismo. I dilemmi etici affrontati da Arjuna, come raffigurati nella Gita, sono diventati esempi archetipici che continuano a provocare riflessione e deliberazione etica nel discorso filosofico contemporaneo.

Traduzioni e interpretazioni nel tempo:

Mentre la Gita guadagnava importanza oltre i confini dell'India, studiosi e pensatori di vari background culturali si sono imbarcati nel compito di trasmettere le sue intuizioni a un pubblico globale. Queste traduzioni e interpretazioni hanno svolto un ruolo fondamentale nel diffondere la saggezza della Bhagavad Gita e nel chiarire la sua rilevanza in diversi contesti.

Una delle prime traduzioni note della Bhagavad Gita in una lingua occidentale fu quella di Charles Wilkins nel 1785. Questo lavoro pionieristico segnò l'inizio di un processo continuo di traduzione del testo in diverse lingue, consentendo a persone in tutto il mondo di accedere ai suoi insegnamenti. I traduttori successivi, tra cui Swami Vivekananda, AC Bhaktivedanta Swami Prabhupada ed Eknath Easwaran, offrirono le loro interpretazioni, ciascuna intrisa di prospettive e sfumature uniche.

L'atto della traduzione implica non solo la conversione linguistica, ma anche l'interpretazione e la contestualizzazione. Pertanto, diversi traduttori si sono avvicinati alla Bhagavad Gita portando con sé le proprie esperienze individuali e inclinazioni filosofiche. Le variazioni in queste traduzioni riflettono la natura multiforme del messaggio della Gita e la comprensione in evoluzione della sua profondità.

Inoltre, le interpretazioni della Bhagavad Gita si sono estese oltre gli sforzi accademici per comprendere espressioni artistiche e adattamenti in varie forme. Artisti, musicisti, scrittori, registi e leader spirituali hanno tutti trovato ispirazione nella Gita, producendo opere creative che risuonano con i suoi temi e personaggi. Attraverso questi diversi sforzi creativi, l'influenza della Gita ha trasceso i confini letterari tradizionali e permeato la cultura popolare.

Le numerose interpretazioni della Bhagavad Gita evocano ricche discussioni e dibattiti, contribuendo a un apprezzamento più profondo del suo significato. Mentre la Gita continua ad affascinare le nuove generazioni, i pensatori e gli studiosi contemporanei si sforzano di fornire nuove traduzioni e analisi innovative che parlino dell'ethos moderno. Questo processo continuo non solo assicura la conservazione della saggezza della Gita, ma evidenzia anche la sua adattabilità e universalità.

Rilevanza della Gita nella società contemporanea:

Nella società contemporanea, gli insegnamenti della Bhagavad Gita continuano a risuonare e a offrire saggezza applicabile a vari aspetti della vita umana. Uno dei principi fondamentali della Gita è il concetto di Dharma. Questo concetto rimane altamente rilevante oggi, poiché gli individui si confrontano con dilemmi etici e morali sia nella sfera personale che in quella professionale. L'enfasi della Gita sullo svolgimento dei propri doveri senza attaccamento ai risultati funge da guida pertinente per sperimentare le complessità della vita moderna.

D'altra parte, la Gita fornisce spunti per gestire stress e ansia, sfide diffuse nel mondo frenetico di oggi. Gli insegnamenti sulla ricerca della pace interiore e sul mantenimento dell'equilibrio mentale in mezzo alle avversità offrono preziosi meccanismi di adattamento per gli individui nella società contemporanea. Inoltre, il discorso della Gita sulla natura del sé e l'essenza eterna dell'essere fornisce un'ancora filosofica in un'epoca segnata dal materialismo e dalle crisi esistenziali.

I principi di leadership e decision-making spiegati nella Gita hanno un significato. Il concetto di leadership illuminata, come incarnato dal consiglio di Lord Krishna ad Arjuna, offre lezioni inestimabili per i leader in vari campi. La Gita promuove le virtù dell'empatia, del pensiero strategico e della guida compassionevole, tutti attributi indispensabili per una leadership efficace nel mondo globalizzato e interconnesso di oggi.

Gli insegnamenti della Bhagavad Gita sull'unità di tutta l'esistenza e sulla fratellanza universale hanno rilevanza nel promuovere armonia e comprensione in una società diversificata e pluralistica. In un'epoca caratterizzata da complessità sociali e geopolitiche, il messaggio della Gita di trascendere le forze divisive e abbracciare l'unità ha il potenziale per ispirare il progresso collettivo e la coesione sociale.

L'enfasi della Gita sull'autodisciplina e la ricerca della conoscenza risuona con la ricerca contemporanea di crescita personale e auto-miglioramento. La sua saggezza trascende i confini culturali e geografici, offrendo principi universali che sono adattabili e applicabili a persone di ogni ceto sociale al giorno d'oggi.

Capitolo III
LA VISIONE DI VYASA SULLA NATURA DEL SÉ

Introduzione al concetto di Atman:

Il concetto di Atman, come esposto nella Bhagavad Gita, è al centro della filosofia Vedanta e della spiritualità indù. Comprendere l'Atman è fondamentale per i ricercatori sul cammino dell'autorealizzazione. Il termine Atman si riferisce al vero sé, l'essenza di un individuo che trascende il corpo fisico e la mente. Rappresenta il nucleo immutabile ed eterno del proprio essere, al di là delle fluttuazioni del mondo materiale. L'introduzione all'Atman getta le basi fondamentali per tutte le ricerche spirituali. Riconoscere l'Atman porta a un cambiamento di prospettiva, in cui gli individui iniziano a percepire se stessi come manifestazioni divine piuttosto che come semplici entità mortali. Questo cambiamento di coscienza costituisce la pietra angolare di varie pratiche meditative e introspettive volte a connettersi con il sé superiore.

Inoltre, la comprensione dell'Atman promuove un senso di interconnessione e unità tra tutti gli esseri, sottolineando che ogni individuo condivide lo stesso Atman o essenza divina. Addentrandosi nell'Atman, i ricercatori acquisiscono intuizioni sulla natura dell'esistenza, lo scopo della vita e l'interconnessione di tutti gli esseri viventi. La spiegazione dell'Atman da parte di Vyasa fornisce ai ricercatori una struttura per contemplare le verità universali racchiuse nell'Atman, reindirizzando la loro attenzione dalle distrazioni esterne all'esplorazione interiore. Tale contemplazione incoraggia gli individui a intraprendere un viaggio interiore, consentendo loro di scoprire la saggezza e la natura eterna dell'Atman. Abbracciare questo concetto genera un senso di pace, saggezza e autorealizzazione, spingendo gli individui verso uno stato di appagamento spirituale.

Nella Bhagavad Gita, l'Atman rappresenta il nucleo immutabile del sé, non influenzato dagli aspetti transitori dell'esistenza. La sua natura eterna trascende nascita e morte, rimanendo intatta dal passare del tempo. L'Atman è raffigurato come al di là del decadimento, della morte e della distruzione, quindi portatrice di una connessione intrinseca con la coscienza universale. Questa qualità sottolinea il suo significato come verità immutabile in mezzo ai fenomeni in continua evoluzione del mondo manifestato.

Comprendere l'Atman attraverso l'auto-riflessione:

Attraverso l'auto-riflessione, si può scavare nelle profondità della propria coscienza e contemplare la natura del sé. Questo processo introspettivo consente agli individui di esplorare i propri pensieri, emozioni ed esperienze, portandoli a riconoscere l'essenza sottostante dell'Atman. È attraverso l'auto-riflessione che si inizia a discernere gli aspetti transitori dell'esistenza dalla natura eterna dell'Atman. Gli insegnamenti di Vyasa sottolineano l'importanza dell'auto-riflessione come mezzo fondamentale per ottenere una comprensione della vera natura del sé. Rivolgendosi verso l'interno ed esaminando in modo contemplativo le proprie convinzioni, i propri valori e il proprio funzionamento interiore, gli individui possono intraprendere una ricerca per svelare la realtà immutabile dell'Atman. L'autoconsapevolezza coltivata attraverso l'auto-riflessione funge da potente strumento per riconoscere la distinzione tra la forma fisica deperibile e l'essenza imperitura dell'Atman. Quando ci si impegna nell'auto-riflessione, ci si confronta con i limiti e le imperfezioni del mondo materiale, aprendo la strada a una comprensione più profonda della natura trascendente dell'Atman. Inoltre, l'auto-riflessione promuove un senso di interconnessione o unità con la coscienza universale, allineando così gli individui con la verità dell'Atman. Questo processo di introspezione richiede una contemplazione sostenuta, disciplina e un impegno incrollabile per svelare i misteri del sé. Incoraggia gli individui a mettere in discussione le proprie identità, ruoli e attaccamenti per discernere la natura dell'Atman che trascende le illusioni mondane. Attraverso l'auto-riflessione, si può raggiungere chiarezza, pace interiore e trasformazione spirituale, realizzando infine la divinità intrinseca incarnata dall'Atman.

Atman in relazione al corpo fisico:

Secondo gli insegnamenti di Vyasa, l'Atman è l'essenza eterna e immutabile di un individuo, distinta dalla forma fisica deperibile. Comprendere la relazione tra l'Atman e il corpo fisico è fondamentale per comprendere la natura dell'esistenza e lo scopo della vita. Il corpo, come esposto da Vyasa, è semplicemente un veicolo temporaneo per l'Atman, che funge da mezzo attraverso il quale l'Atman interagisce con il mondo materiale. Mentre il corpo subisce i cicli di nascita, crescita, decadimento e morte, l'Atman rimane costante e inalterato. Questa netta disparità enfatizza la natura transitoria dell'essere fisico in contrasto con l'essenza dell'Atman.

Gli insegnamenti di Vyasa approfondiscono anche l'interconnessione tra l'Atman e il corpo fisico, facendo luce su come le azioni e le esperienze del corpo influenzano direttamente il viaggio dell'Atman. Si sottolinea che il corpo è strumentale nel consentire all'Atman di adempiere ai suoi doveri karmici nel regno mortale. L'Atman utilizza il corpo fisico come strumento per azioni giuste, crescita spirituale e il raggiungimento dell'autorealizzazione. Questa interazione dinamica evidenzia il ruolo integrale del corpo fisico all'interno della struttura più ampia del viaggio dell'Atman.

D'altro canto, il discorso di Vyasa su questo argomento affronta l'impatto dei desideri e degli attaccamenti del corpo sull'Atman. Il corpo umano, guidato da percezioni sensoriali e brame mondane, spesso genera desideri che possono distrarre l'Atman dalla sua divinità intrinseca. Tuttavia, attraverso la pratica disciplinata e l'autoconsapevolezza, gli individui possono allineare le loro azioni corporee con i principi del dharma, armonizzando così la relazione tra l'Atman e la forma fisica. Così facendo, si trascendono i vincoli dei desideri corporei, consentendo all'Atman di dirigersi verso l'illuminazione e la liberazione.

Atman ed Ego:

L'Atman, spesso definito il vero sé o l'anima, rappresenta l'aspetto eterno e immutabile di un individuo. È l'essenza del proprio essere, non influenzato dalla natura transitoria del corpo fisico o dalle fluttuazioni della mente. D'altro canto, l'ego è un costrutto della mente che è modellato da esperienze, percezioni e influenze sociali. È caratterizzato da attaccamento, desideri e senso di identità individuale.

Distinguere tra l'Atman e l'ego è al centro della crescita spirituale e dell'autorealizzazione. Comprendere che l'Atman è al di là del regno dei desideri e degli attaccamenti guidati dall'ego è fondamentale per trascendere i limiti del mondo materiale. Vyasa chiarisce che l'ego tende ad affermarsi attraverso un falso senso di autoimportanza e un attaccamento ai risultati, mentre l'Atman rimane distaccato e inalterato, assistendo al gioco della vita senza grovigli. Riconoscere il predominio dell'ego consente agli individui di allineare consapevolmente le proprie azioni con la consapevolezza dell'Atman, conducendo a uno stato di armonia interiore e purezza.

La Bhagavad Gita sottolinea l'importanza di sottomettere l'influenza dell'ego attraverso l'autodisciplina e l'introspezione, aprendo così la strada alla realizzazione della natura eterna dell'Atman. Discernendo la natura transitoria dell'ego e identificandosi con l'essenza immutabile dell'Atman, gli individui possono raggiungere un senso di liberazione e pace interiore. La padronanza dell'ego conduce a una maggiore consapevolezza dell'interconnessione di tutti gli esseri, favorendo compassione ed empatia. Attraverso la contemplazione e l'autoindagine, si possono gradualmente smantellare le barriere imposte dall'ego e abbracciare la radiosa brillantezza dell'Atman.

Il ruolo dell'indagine interiore nella realizzazione dell'Atman:

Il viaggio dell'autorealizzazione e della comprensione della vera natura dell'Atman comprende un processo di indagine interiore. Questo processo comporta l'approfondimento di se stessi per esplorare l'essenza del proprio essere al di là dei regni del mondo materiale. L'indagine interiore non è semplicemente un esercizio intellettuale, ma una pratica spirituale che implica introspezione, contemplazione e meditazione. Richiede una ricerca sincera e incessante per discernere l'essenza eterna del sé dagli strati temporanei dell'ego e delle influenze esterne.

L'indagine interiore è facilitata attraverso varie tecniche e metodologie antiche prescritte nella Bhagavad Gita, tra cui l'autoriflessione, la consapevolezza consapevole e la coltivazione della quiete interiore. Comporta l'osservazione delle fluttuazioni della mente e delle emozioni, il riconoscimento degli schemi abituali di pensiero e il graduale superamento delle credenze limitanti e dei condizionamenti che velano la realizzazione dell'Atman. Attraverso questo processo introspettivo, gli individui iniziano a svelare gli strati di ignoranza e idee sbagliate, aprendo la strada a una connessione più profonda con il loro vero Sé.

Il ruolo dell'indagine interiore nella realizzazione dell'Atman si estende oltre l'introspezione personale. Comporta anche la ricerca di una guida da parte di insegnanti spirituali, saggi e scritture per ottenere una comprensione più chiara della natura del sé e del percorso verso l'autorealizzazione. Immergendosi negli insegnamenti della Gita e di altri testi sacri, gli aspiranti possono ampliare la propria prospettiva e ricevere intuizioni inestimabili che illuminano il percorso dell'indagine interiore.

Man mano che gli individui progrediscono nella loro esplorazione interiore, sviluppano un senso accresciuto di autoconsapevolezza e sintonia con le energie sottili che sono alla base della loro esistenza. Questa consapevolezza sempre più profonda consente loro di attraversare gli strati di condizionamento e costrutti sociali, portando a un allineamento più autentico e armonioso con l'Atman. Di conseguenza, gli individui si ancorano a uno stato di tranquillità interiore e chiarezza, favorendo un senso di scopo e significato nelle loro vite.

Atman come Fonte della Coscienza:

L'Atman rappresenta l'aspetto immutabile ed eterno dell'essere, che trascende i regni fisico e mentale. La Gita postula che l'Atman non è vincolato dalle limitazioni di tempo, spazio o circostanze, ma piuttosto esiste come una presenza onnipresente, che pervade tutti gli esseri senzienti. Attraverso la lente della saggezza di Vyasa, l'Atman incarna la forma più pura di coscienza, incontaminata da influenze esterne o emozioni fugaci. Inoltre, l'Atman è considerato il testimone eterno, che osserva silenziosamente il flusso e il riflusso delle esperienze senza attaccamento. Questa qualità intrinseca sottolinea il suo ruolo di fonte di coscienza, agendo come il substrato da cui emergono tutte le percezioni, i pensieri e le sensazioni.

Secondo gli insegnamenti di Vyasa, realizzare l'Atman come fonte di coscienza è fondamentale per trascendere la natura illusoria del mondo materiale, ottenendo così la vera illuminazione. Riconoscendo l'indissolubile connessione dell'Atman con la coscienza, possiamo iniziare a percepire l'interazione tra le manifestazioni transitorie della mente e l'essenza immutabile del loro vero sé. Questa comprensione porta a un cambiamento di prospettiva, favorendo un senso di distacco dalle esperienze sensoriali effimere, mentre alimenta una consapevolezza più profonda della natura immortale della coscienza.

La Bhagavad Gita espone l'interconnessione della coscienza derivata dall'Atman tra tutti gli esseri viventi, sottolineando l'unità e l'empatia come principi fondamentali. Le intuizioni di Vyasa ricordano ai ricercatori che riconoscendo la manifestazione universale dell'Atman come coscienza, possono coltivare compassione e comprensione verso i viaggi degli altri.

Il viaggio verso l'esperienza dell'Atman:

La Bhagavad Gita si addentra nel viaggio di esperienza dell'Atman, il vero sé che risiede in tutti gli esseri. Questo viaggio non è una mera ricerca fisica o intellettuale; richiede una trasformazione e una realizzazione interiore. La Gita sottolinea che il percorso per sperimentare l'Atman implica il trascendere le illusioni del mondo materiale e il riconoscimento della propria divinità interiore. È un viaggio trasformativo che necessita di un cambiamento di coscienza e di una profonda comprensione della propria vera natura.

Al centro di questo viaggio c'è la pratica dell'autoconsapevolezza e dell'introspezione. La Gita insegna che volgendosi verso l'interno e impegnandosi nell'auto-riflessione, gli individui possono rimuovere gli strati di condizionamento e falsa identificazione per rivelare l'essenza eterna dell'Atman. Questo processo di auto-indagine e contemplazione conduce a una maggiore consapevolezza del vero sé oltre gli aspetti transitori dell'esistenza.

D'altra parte, il viaggio verso l'esperienza dell'Atman comporta la coltivazione di virtù come umiltà, compassione e altruismo. La Gita sottolinea che abbracciando queste qualità, gli individui possono allinearsi con la natura divina dell'Atman, favorendo una connessione più profonda con la coscienza universale. Attraverso atti di servizio, devozione e azioni rette, i praticanti intraprendono un percorso che li conduce verso la realizzazione diretta dell'Atman.

La Gita chiarisce che il viaggio verso l'esperienza dell'Atman necessita della pratica della meditazione e della consapevolezza. Calmando le fluttuazioni della mente e raggiungendo la quiete interiore, gli individui possono accedere alle profondità del loro essere e percepire la presenza luminosa dell'Atman. Attraverso la meditazione, si possono trascendere i limiti dell'ego e connettersi con l'eterna fonte di coscienza che permea tutta l'esistenza.

Il viaggio verso l'esperienza dell'Atman è caratterizzato anche dalla guida di insegnamenti illuminati e mentori spirituali. La Gita sottolinea l'importanza di cercare la saggezza di saggi e guru che hanno realizzato l'Atman dentro di sé. La loro guida e la conoscenza impartita servono come fari che illuminano il cammino per i ricercatori, offrendo intuizioni e pratiche inestimabili che facilitano l'esperienza diretta dell'Atman.

Capitolo IV
AZIONE E INAZIONE

Nishkama Karma - La filosofia dell'azione disinteressata:

Nishkama Karma, come delineato nella Bhagavad Gita, incarna la filosofia dell'azione disinteressata. Nel suo nucleo, questo concetto chiarisce i principi dell'esecuzione dei propri doveri senza essere attaccati ai frutti di quelle azioni. Incapsula la convinzione che un individuo dovrebbe concentrarsi sull'adempimento delle proprie responsabilità in modo sincero e abile, senza brama o avversione verso i risultati. Questa filosofia approfondisce la comprensione che l'intento dietro un'azione ha un significato fondamentale, trascendendo la mera esecuzione dei compiti.

Praticando il Nishkama Karma, si impara a distaccarsi dai desideri personali e dai motivi egocentrici, abbracciando così una mentalità di altruismo e servizio. L'esplorazione sfumata di questa dottrina rivela che il vero spirito dell'azione risiede nella rinuncia all'attaccamento ai risultati, favorendo così un senso di liberazione interiore ed evoluzione spirituale. Comprendere il Nishkama Karma implica l'approfondimento delle dimensioni etiche e morali della condotta umana, decifrando le implicazioni dell'agire con assoluto distacco. Spinge gli individui a contemplare il significato sottostante delle loro azioni, evidenziando il potere trasformativo dell'altruismo e della dedizione al dovere.

Abbracciare il Nishkama Karma richiede una profonda introspezione nella natura del desiderio e nelle implicazioni dell'attaccamento, conducendo infine verso un percorso di autotrascendenza e purificazione interiore. Attraverso un'analisi completa di questa filosofia, gli individui possono coltivare una mentalità libera dalla schiavitù dei guadagni e delle perdite personali, elevando così la propria coscienza a piani spirituali superiori.

L'essenza dell'assenza di desiderio:

Il desiderio è stato riconosciuto come un aspetto fondamentale della natura umana, che spinge gli individui verso i propri obiettivi e ambizioni. Tuttavia, la Bhagavad Gita introduce il concetto di assenza di desiderio, sottolineando il significato della libertà dall'attaccamento. L'assenza di desiderio rappresenta la capacità di agire senza essere influenzati da motivazioni personali o desideri guidati dall'ego. Questo stato di libertà interiore consente agli individui di impegnarsi in azioni altruisticamente, senza cercare guadagno o riconoscimento personale.

Negli insegnamenti della Gita, l'assenza di desiderio è descritta come un percorso verso la crescita spirituale e la liberazione dai cicli di sofferenza. L'essenza dell'assenza di desiderio risiede nel trascendere l'ego e l'incessante bisogno di gratificazione. Rinunciando all'attaccamento ai risultati delle nostre azioni, raggiungiamo un senso di equanimità e pace interiore. Questa comprensione consente agli individui di affrontare le sfide della vita con grazia e resilienza.

La Gita sottolinea che l'assenza di desideri non implica passività o indifferenza. Piuttosto, incoraggia un impegno proattivo con il mondo, radicato in un profondo senso del dovere e della rettitudine. Coltivare l'assenza di desideri richiede introspezione e consapevolezza di sé. Implica il riconoscimento della natura transitoria delle attività mondane e il riorientamento della propria attenzione verso la ricerca della realizzazione spirituale. Attraverso questo cambiamento trasformativo di mentalità, gli individui si liberano dal ciclo implacabile di desiderio e avversione, abbracciando una connessione con la coscienza universale.

La pratica dell'assenza di desideri è intessuta nel tessuto di varie tradizioni spirituali, fungendo da principio guida per la condotta etica e morale. Le sue implicazioni pratiche si estendono al regno delle relazioni, del lavoro e delle responsabilità sociali, promuovendo armonia e altruismo. La sua essenza permea ogni dimensione dell'esistenza umana, offrendo un potente antidoto alle afflizioni dell'egoismo e dell'avidità. Incarnando questo principio, gli individui incarnano le più alte virtù di compassione, altruismo e integrità.

Il dilemma di Arjuna - Azione e dovere:

Nella Bhagavad Gita, Arjuna si ritrova al centro di una crisi morale ed esistenziale sul campo di battaglia di Kurukshetra. Mentre affronta i suoi parenti e venerati anziani schierati dalla parte opposta, il dubbio e la disperazione afferrano la sua coscienza. Il dialogo che segue tra Arjuna e Lord Krishna cattura l'essenza di questa lotta interiore, un conflitto tra l'adempimento del proprio dovere di guerriero e le implicazioni etiche di imbracciare le armi contro i propri parenti. Questo momento cruciale nella scrittura riflette il dilemma universale di bilanciare il dovere con principi morali superiori.

Il testo si addentra negli strati dell'angoscia di Arjuna, mentre affronta questioni di rettitudine, moralità e conseguenze delle sue azioni. La sua contemplazione rispecchia la perenne situazione umana, mostrando la rete di dilemmi che affrontano gli individui nella loro ricerca di rettitudine e scopo. Attraverso un'analisi testuale, scopriamo le sfumature del dilemma di Arjuna, sezionando le dimensioni psicologiche, etiche e filosofiche inerenti al suo tumulto.

Inoltre, l'esplorazione della difficile situazione di Arjuna funge da specchio dei nostri conflitti interiori e dei nostri enigmi etici. Induce all'introspezione sulla natura delle nostre responsabilità, sulle scelte etiche che affrontiamo e sulle complessità dell'esperienza del corso del dovere di fronte a scrupoli morali. Gli strati sfumati del dilemma di Arjuna offrono intuizioni sulla condizione umana stessa, fornendo un ricco arazzo per la contemplazione etica e filosofica.

Mentre affrontiamo il tumulto interiore di Arjuna, ci troviamo di fronte al dibattito sulla sacralità del dovere e sugli imperativi morali che lo governano. Il testo delinea meticolosamente le emozioni contrastanti che tormentano la psiche di Arjuna e la sottile interazione tra azione e inazione che sostiene la sua crisi. Attraverso questo intenso esame, acquisiamo una comprensione dell'equilibrio tra responsabilità mondane e rettitudine spirituale.

La riluttanza di Arjuna a impegnarsi in battaglia incarna le apprensioni che spesso assediano gli individui quando si trovano di fronte a circostanze difficili che richiedono un'azione decisa. Il suo conflitto interiore racchiude la lotta perenne tra l'aderenza al dovere e le implicazioni etiche percepite di tali doveri. Attraverso un'analisi empatica e meticolosa della difficile situazione di Arjuna, approfondiamo le complesse dinamiche del processo decisionale etico e le sfumature dell'adempimento delle proprie responsabilità.

Inazione nell'azione, azione nell'inazione:

Nella Gita, il Signore Krishna spiega che mentre siamo impegnati nell'azione, possiamo raggiungere uno stato di inazione e, allo stesso modo, in momenti di contemplazione apparentemente inattiva, possiamo compiere la maggior parte dell'azione. Questo concetto paradossale sfida le concezioni convenzionali di produttività e ozio, offrendo una visione più profonda della natura del karma.

Gli insegnamenti della Gita sottolineano che la vera inazione non implica l'astensione da ogni attività, ma denota piuttosto un atteggiamento di non attaccamento ai risultati delle nostre azioni. Incoraggia gli individui a svolgere i propri doveri con completa dedizione e sincerità, rinunciando tuttavia al desiderio di risultati specifici. Questo approccio libera dall'incessante ricerca del guadagno personale e consente un servizio disinteressato, che porta a un senso di appagamento interiore e armonia.

Inoltre, il testo esplora il concetto di azione nell'inazione, evidenziando il significato della contemplazione interiore e della consapevolezza in mezzo alla quiete esteriore. Sostiene che coltivando uno stato di equilibrio interiore e consapevolezza, gli individui possono impegnarsi nella forma di azione più significativa: la trasformazione interiore. Questo processo trasformativo implica introspezione, auto-scoperta e la coltivazione di virtù come compassione, empatia e saggezza.

La risoluzione di questa apparente contraddizione ha implicazioni per la vita moderna. Nel mondo frenetico e competitivo di oggi, il concetto di Nishkama Karma offre un quadro convincente per affrontare lo stress, l'ansia e l'incessante ricerca del successo materiale. Integrando la saggezza della Gita, gli individui possono affrontare i loro sforzi professionali e personali con uno spirito di distacco, che porta a un'esistenza più equilibrata e appagante.

La nozione di azione nell'inazione serve come un toccante promemoria per dare priorità alla cura di sé, alla contemplazione e al benessere mentale. In un'epoca dominata da stimoli costanti e richieste esterne, gli insegnamenti della Gita ci spingono a trovare conforto in momenti tranquilli di riflessione e meditazione, riconoscendo l'immenso valore della crescita interiore insieme al conseguimento esterno.

Miti comuni sull'azione non legata:

Idee sbagliate e interpretazioni errate del concetto di azione non attaccata sono persistite nel corso dei secoli, portando a confusione e incomprensioni tra coloro che cercano di comprenderne il significato. Un mito comune è la convinzione che praticare Nishkama Karma implichi un ritiro dal mondo, un'accettazione passiva delle circostanze senza alcun impegno proattivo. Questo malinteso nasce da una comprensione limitata del distacco, che non riguarda il disimpegno ma piuttosto lo svolgimento dei propri doveri senza essere consumati da desideri o attaccamenti personali. Un altro mito prevalente è la nozione che Nishkama Karma promuova l'indifferenza o l'apatia verso il risultato delle proprie azioni. La verità, tuttavia, è che incoraggia gli individui a dare il massimo mentre rinunciano all'attaccamento ai frutti del loro lavoro, favorendo così un senso di equanimità e libertà dal tumulto emotivo. Inoltre, alcuni percepiscono erroneamente Nishkama Karma come una forma di evasione, interpretandolo come una scusa per l'inazione o l'elusione delle responsabilità. In realtà, la filosofia sottolinea la necessità di una partecipazione attiva nel mondo, adempiendo ai propri obblighi con uno spirito altruistico e concentrandosi sul bene superiore. Inoltre, c'è un errore diffuso secondo cui il Nishkama Karma promuove una mancanza di ambizione o di motivazione, suggerendo che gli individui che seguono questo percorso diventerebbero compiacenti e poco ambiziosi. Al contrario, la pratica del Nishkama Karma ispira gli individui a perseguire l'eccellenza e il successo nei loro sforzi, reindirizzando le loro motivazioni verso obiettivi virtuosi e altruistici. Infine, un altro malinteso è la convinzione che il Nishkama Karma porti al distacco dalle relazioni e dalle connessioni emotive, creando un'immagine di distacco e isolamento. In verità, la filosofia incoraggia interazioni significative e compassionevoli, sostenendo l'amore e l'empatia, astenendosi dall'impigliarsi nella possessività o nella dipendenza.

Capitolo V
LA LEGGE DI CAUSA ED EFFETTO

Karma e il suo principio cosmico:

Il karma è un concetto filosofico che rappresenta la legge di causa ed effetto che governa i regni morali e spirituali. Radicato nell'antica filosofia indù, il karma comprende l'idea che ogni azione, sia essa fisica, mentale o emotiva, ha una reazione corrispondente che si ripercuote in tutto l'universo. Questo principio cosmico costituisce la base della comprensione etica e spirituale, plasmando le circostanze presenti e il destino futuro dell'individuo.

Il concetto di karma enfatizza la responsabilità personale e la rendicontazione delle proprie azioni, promuovendo l'introspezione e la condotta deliberata. Sottolinea l'interconnessione di tutti gli esseri viventi e l'interazione dinamica tra le azioni e le loro conseguenze. Comprendere il karma facilita il riconoscimento della vita come una rete di eventi e scelte interconnessi. Inoltre, offre spunti sulla natura della sofferenza, della felicità e dello scopo ultimo dell'esistenza umana.

Contemplando le implicazioni di questo principio cosmico, gli individui sono incoraggiati a coltivare consapevolezza e discernimento nei loro pensieri, parole e azioni, orientando così il corso del loro destino. Attraverso questa esplorazione, il praticante ottiene una comprensione più profonda dei fondamenti etici del karma e delle sue implicazioni di vasta portata. La nozione di karma permea vari aspetti dell'esperienza umana, comprendendo relazioni interpersonali, dinamiche sociali e la ricerca dell'illuminazione individuale. In quanto tale, funge da principio guida per sperimentare le complessità della vita e riconoscere le ripercussioni intrinseche delle proprie scelte.

L'interpretazione di Vyasa del Karma nella Bhagavad Gita:

Nella Bhagavad Gita, Vyasa descrive il karma non semplicemente come azioni individuali e le loro ripercussioni, ma come una legge cosmica onnicomprensiva che governa l'universo. Delinea come ogni azione, sia essa fisica, mentale o emotiva, stabilisca una catena di cause ed effetti, creando la rete del karma che lega tutti gli esseri. Vyasa sottolinea che la comprensione del karma è fondamentale per l'evoluzione spirituale, poiché getta le basi per comprendere la propria realtà esistenziale e il percorso verso la liberazione.

Inoltre, Vyasa approfondisce il concetto di "Nishkama Karma", spiegando la filosofia dell'azione disinteressata. Afferma che compiere il proprio dovere senza attaccamento ai frutti delle azioni purifica la mente e conduce all'elevazione spirituale. L'interpretazione di Vyasa sottolinea il potenziale trasformativo del karma quando eseguito con un senso di dharma e distacco, trascendendo il ciclo di nascita e morte.

La Gita svela ulteriormente l'intuizione di Vyasa sull'interazione tra karma e libero arbitrio, sottolineando il ruolo fondamentale dell'agenzia umana nel plasmare il proprio destino. L'interpretazione di Vyasa illumina la danza tra scelta individuale e ordine cosmico, sottolineando la responsabilità morale insita nell'esercizio del libero arbitrio. Questa comprensione sfumata del karma autorizza gli individui ad allineare le proprie azioni con la rettitudine, tracciando così un nobile percorso verso l'autorealizzazione.

Vyasa espone l'idea di "Karma Phala" - i frutti delle azioni - evidenziando le implicazioni etiche del raccogliere le conseguenze delle proprie azioni. Attraverso narrazioni e metafore toccanti, Vyasa trasmette l'impatto del karma sull'evoluzione della coscienza, tessendo un arazzo di saggezza che risuona con i ricercatori nella loro ricerca della trascendenza.

Karma Yoga - Il percorso dell'azione disinteressata:

Il karma yoga, come esposto nella Bhagavad Gita da Vyasa, chiarisce l'idea che gli individui possono raggiungere la realizzazione spirituale attraverso un'azione disinteressata, priva di qualsiasi attaccamento al frutto delle proprie azioni. In sostanza, il karma yoga sostiene l'esecuzione dei doveri con intenzioni pure, senza essere influenzati da guadagni o desideri personali. Sottolinea la resa delle proprie azioni a un principio superiore o al divino, trascendendo così le attività guidate dall'ego e promuovendo un senso di interconnessione con l'universo. Attraverso questo percorso trasformativo, gli individui cercano di allineare le proprie azioni con il più grande ordine cosmico, adempiendo ai propri obblighi con incrollabile devozione e sincerità.

In sostanza, il karma yoga serve come mezzo per purificare la mente e coltivare un atteggiamento altruistico e disinteressato nei confronti della vita. Le intuizioni di Vyasa sul karma yoga sottolineano l'importanza fondamentale di impegnarsi disinteressatamente nei propri doveri, indipendentemente dalla natura del compito o dal suo significato percepito. Secondo Vyasa, ogni azione, sia banale che straordinaria, porta con sé il potenziale per l'evoluzione spirituale quando è permeata dallo spirito di altruismo e dedizione. Svolgendo i propri doveri senza attaccamento ai risultati, gli individui possono elevare la propria coscienza e progredire sul percorso della crescita spirituale.

Il karma yoga infonde la virtù dell'empatia e della compassione, incoraggiando gli individui a immedesimarsi nelle esperienze degli altri e a contribuire al benessere della comunità più ampia. Questo approccio disinteressato all'azione promuove un ambiente di armonia e supporto reciproco, gettando le basi per una società più inclusiva e benevola. Gli insegnamenti di Vyasa sul karma yoga trascendono i confini religiosi, offrendo un quadro universale per condurre una vita significativa e con uno scopo in cui gli individui possono scoprire appagamento e pace interiore, trascendendo l'effimero fascino delle attività materiali.

L'interazione tra Karma e Dharma:

Il Dharma, spesso tradotto come dovere o rettitudine, fornisce il quadro etico e morale entro cui ci si aspetta che gli individui operino. Comprende non solo doveri e responsabilità personali, ma anche l'ordine sociale e cosmico più ampio. In sostanza, il dharma funge da principio guida per una vita retta e per il mantenimento dell'armonia universale.

Nel contesto del karma, il dharma gioca un ruolo cruciale nel determinare la natura e le conseguenze delle proprie azioni. Il concetto di azione retta prescritto dal dharma influenza l'impronta karmica che un individuo accumula attraverso le proprie azioni. Allineando le proprie azioni ai principi del dharma, un individuo non solo adempie ai propri obblighi morali, ma modella anche la propria traiettoria karmica in modo positivo e costruttivo.

L'esposizione di Vyasa sull'interazione tra karma e dharma si addentra profondamente nella condotta etica e nelle sue ripercussioni all'interno del ciclo di causa ed effetto. Attraverso gli insegnamenti della Gita, Vyasa articola il significato dell'aderenza al dharma mentre si svolgono i propri doveri prescritti, sottolineando la coesistenza armoniosa di questi due concetti fondamentali.

D'altra parte, la Gita chiarisce come il dharma agisca come una bussola guida per gli individui che sperimentano le complessità della vita, offrendo chiarezza in mezzo a dilemmi morali e sfide esistenziali. Sottolinea la nozione che sostenere il dharma porta all'accumulo di karma virtuoso, che in ultima analisi plasma l'evoluzione spirituale dell'individuo e contribuisce al più grande ordine cosmico.

L'interazione tra karma e dharma si estende oltre il regno della condotta personale, abbracciando la coscienza collettiva della società. La condotta etica di ogni individuo contribuisce collettivamente al sostentamento del dharma all'interno del tessuto sociale, influenzando così le dinamiche karmiche complessive di comunità e civiltà.

Conseguenze e precedenti - Comprendere il Samsara:

Samsara, la natura ciclica dell'esistenza, permea il tessuto della filosofia indù e ha un'importanza immensa nella comprensione delle conseguenze e dei precedenti del karma. Questo concetto approfondisce l'eterno ciclo di nascita, vita, morte e rinascita che si ritiene subiscano tutti gli esseri viventi. Nel contesto del samsara, ogni azione, sia essa fisica, mentale o spirituale, plasma la traiettoria dell'esistenza di un individuo attraverso vite successive. Le azioni positive, guidate da intenti retti e altruismo, aprono la strada a una traiettoria favorevole nel samsara, conducendo verso l'evoluzione spirituale e l'eventuale liberazione. Al contrario, le azioni negative, guidate dall'ignoranza e dai desideri egoistici, perpetuano il ciclo di sofferenza e rinascita, risultando in intrappolamento nella ruota implacabile del samsara.

Inoltre, il samsara funge da potente promemoria dell'impermanenza e della natura transitoria dei piaceri mondani e delle attività materiali. Sottolinea la natura effimera dell'esistenza umana, enfatizzando la futilità di cercare la realizzazione eterna in esperienze transitorie. Attraverso questa comprensione, gli individui sono incoraggiati a trascendere il fascino dei piaceri fugaci e invece a dirigere la loro attenzione verso la ricerca della crescita spirituale, dell'illuminazione e della liberazione dal ciclo del samsara.

Gli insegnamenti di Vyasa chiariscono il ruolo fondamentale del samsara nel dare forma al proprio viaggio spirituale, instillando un senso di responsabilità per le proprie azioni e decisioni. Comprendendo le ramificazioni del samsara, gli individui sono spinti verso una vita consapevole, una condotta etica e la coltivazione di virtù che si allineano con il percorso del dharma. Questa integrazione di vita virtuosa con una profonda comprensione del samsara crea un paradigma trasformativo che spinge i ricercatori verso l'obiettivo finale di moksha, la liberazione dal ciclo perpetuo di nascita e morte.

In sostanza, comprendere il samsara non solo accresce la consapevolezza delle conseguenze del karma, ma funge anche da catalizzatore per l'introspezione, favorendo un cambiamento nella coscienza. Attraverso una comprensione approfondita del samsara, possiamo affrontare il labirinto cosmico di causa ed effetto con discernimento, orientando così il nostro destino verso il sublime culmine dell'emancipazione spirituale.

Karma contro destino:

Nel dibattito tra karma e destino, molte tradizioni filosofiche e spirituali si sono confrontate con la relazione tra libero arbitrio e risultati predeterminati. Nel contesto della Bhagavad Gita, Vyasa presenta un'esplorazione di questo enigma. Il karma, spesso inteso come legge di causa ed effetto, costituisce la base delle azioni individuali e delle loro conseguenze. È l'idea che le nostre circostanze attuali siano modellate dalle nostre azioni e scelte passato. Questo concetto può talvolta portare a una visione deterministica della vita, in cui gli individui si sentono impotenti di fronte allo svolgersi degli eventi. Tuttavia, Vyasa fa luce sul significato più profondo del karma, sottolineando il ruolo fondamentale dell'intenzione e dell'azione consapevole nel plasmare il proprio destino.

Contrariamente alle nozioni tradizionali di destino, la Gita chiarisce l'idea di "karma-phala" o frutto dell'azione, che è distinta da un destino imposto esternamente. Secondo gli insegnamenti di Vyasa, mentre certi eventi possono essere predeterminati da forze cosmiche, gli individui possiedono l'agenzia per rispondere a questi eventi con discernimento e compostezza. Questo punto di vista si allinea con la nozione di karma yoga, in cui si riconosce l'interconnessione delle azioni e si accetta la responsabilità delle loro implicazioni morali intrinseche. Coltivando l'autoconsapevolezza e la condotta etica, gli individui possono trascendere i limiti del mero destino e partecipare attivamente alla co-creazione dello svolgimento della loro vita.

Inoltre, la Gita propone che l'impegno di un individuo verso un'azione retta possa generare un merito karmico positivo, influenzando così i risultati futuri. Attraverso la pratica del dharma e la ricerca della trasformazione interiore, si può plasmare il proprio destino con saggezza e virtù, piuttosto che rassegnarsi a un corso prestabilito. Il testo sottolinea l'idea che, mentre il destino può presentare certe sfide o opportunità, è in ultima analisi la risposta dell'individuo a queste circostanze che determina la traiettoria della sua vita. Ciò cattura l'essenza degli insegnamenti della Gita sul karma, che afferma la capacità innata di ogni individuo di trascendere la presa delle forze deterministiche e creare la propria realtà attraverso una vita consapevole e virtuosa.

In sostanza, l'esposizione di Vyasa sul karma contro il destino dissipa il mito di un fato immutabile ed esterno e sottolinea il potenziale trasformativo dell'agenzia umana. Invita a riflettere sulla delicata interazione tra ordine cosmico e scelta personale, guidando gli individui verso una comprensione più profonda del loro ruolo nel plasmare i propri destini.

Il ruolo dell'intenzione nel quadro etico del karma:

Secondo gli insegnamenti di Vyasa, le azioni non vengono giudicate solo in base ai loro risultati esterni, ma anche in base alle motivazioni che le sostengono. L'intenzione plasma le implicazioni etiche del karma, poiché riflette la purezza o l'impurità del proprio stato mentale. Ciò è in linea con la comprensione che il karma non riguarda solo gli effetti visibili delle azioni, ma anche la disposizione interna da cui tali azioni derivano.

Vyasa spiega che l'intenzione dietro un'azione determina il suo significato karmico. Un'intenzione pura e disinteressata, guidata dalla compassione e dal desiderio di servire gli altri, genera karma positivo, che porta al progresso spirituale e alla purificazione interiore. Al contrario, le azioni radicate nell'ego, nell'avidità o nella malevolenza creano karma negativo, perpetuando il ciclo di sofferenza e coinvolgimento nell'esistenza mondana. Pertanto, il quadro etico del karma enfatizza la coltivazione di intenzioni nobili come mezzo per elevare la coscienza individuale e contribuire al benessere collettivo della società.

Inoltre, Vyasa approfondisce il concetto di "karma phala" o frutto dell'azione, sottolineando che il valore morale di un'azione è legato all'intenzione sottostante piuttosto che solo alle sue conseguenze esteriori. Ciò sottolinea la complessità etica del karma, sfidando gli individui a fare un'introspezione profonda prima di impegnarsi in qualsiasi azione, riconoscendo che le loro intenzioni influenzano profondamente le ripercussioni karmiche di tali azioni.

Per affrontare le complessità etiche del karma, Vyasa espone l'importanza dell'autoconsapevolezza e della consapevolezza. Essendo consapevoli delle proprie intenzioni, gli individui possono discernere le implicazioni etiche delle proprie azioni e fare scelte allineate con la rettitudine e la crescita spirituale. Questa consapevolezza accresciuta funge da principio guida per la condotta etica, spingendo gli individui a valutare costantemente la purezza delle proprie intenzioni e a riallinearsi con percorsi virtuosi quando necessario.

Superare la schiavitù del karma attraverso la conoscenza:

Il concetto di superare la schiavitù del karma attraverso la conoscenza si addentra nell'idea che la vera comprensione e saggezza possano liberare gli individui dagli intrecci dei cicli karmici. Vyasa, attraverso la sua illuminante interpretazione nella Bhagavad Gita, sottolinea il potere trasformativo della conoscenza nel liberarsi dagli schemi ripetitivi di causa ed effetto.

La Gita chiarisce che l'ignoranza è la causa principale della schiavitù al karma. Quando gli individui sono ignari della vera natura del sé e dell'ordine divino, rimangono intrappolati nella rete delle azioni e delle loro conseguenze. Tuttavia, attraverso la conoscenza, si ottiene chiarezza sulla natura effimera degli affari mondani e sull'essenza eterna del sé, portando a un senso di distacco dai risultati delle azioni.

D'altro canto, il testo evidenzia la distinzione tra jnana (conoscenza) e avidya (ignoranza), sottolineando che la vera intuizione nasce dal discernimento dell'unità sottostante e dell'interconnessione di tutta l'esistenza. Questa consapevolezza consente agli individui di riconoscere la loro divinità intrinseca e trascendere l'impatto limitante delle azioni passate. Coltivando il discernimento e realizzando la natura illusoria delle attività materiali, gli aspiranti possono gradualmente attenuare l'influenza vincolante del karma.

Vyasa sottolinea il potenziale trasformativo dell'autorealizzazione, che consente agli individui di agire con equilibrio, senza essere influenzati dalle dualità di piacere e dolore, successo e fallimento. Attraverso l'assimilazione della conoscenza spirituale, si acquisisce l'intuizione di compiere azioni in linea con il dharma, senza attaccamento o avversione. Questo approccio armonioso mitiga l'accumulo di nuove impronte karmiche e favorisce l'armonia interiore e l'equilibrio.

La saggezza impartita nella Bhagavad Gita incoraggia i ricercatori a trascendere il ciclo di nascita e morte trascendendo l'influenza del karma. Comprendendo la natura transitoria del corpo fisico e identificandoci con il sé immortale, possiamo ottenere la liberazione dal ciclo ripetitivo del samsara. Questa realizzazione conduce alla dissoluzione dei debiti karmici, aprendo la strada alla libertà ultima e all'unione con il divino.

Capitolo VI
LA DEVOZIONE COME VIA VERSO IL DIVINO

Bhakti Yoga e i principi fondamentali della devozione:

Il Bhakti Yoga, spesso definito yoga della devozione, ha un ricco background storico profondamente radicato nelle antiche tradizioni spirituali dell'India. Le sue origini possono essere fatte risalire alla Bhagavad Gita e ai Veda, dove la pratica di coltivare amore incondizionato e devozione verso il divino è enfatizzata come un potente mezzo per raggiungere la liberazione spirituale. Il termine stesso "bhakti" deriva dalla parola sanscrita che significa "devozione" o "amore", e racchiude una forma di riverenza e adorazione per il divino.

Nel profondo, il Bhakti Yoga incoraggia gli individui a coltivare un amore profondo e incrollabile per il divino, trascendendo i confini dell'adorazione rituale e delle formalità. Il principio fondamentale del Bhakti Yoga è l'espressione sincera e senza riserve di amore e adorazione verso la realtà ultima, che può assumere varie forme in base alle inclinazioni e alle convinzioni di un individuo. Questo amore non è semplicemente un'emozione sentimentale, ma un senso di interconnessione e devozione che permea ogni aspetto della vita.

Attraverso l'incrollabile impegno verso l'oggetto della devozione, i praticanti cercano di raggiungere l'unità con il divino e infine liberarsi dal ciclo di nascita e morte. Il principio fondamentale del Bhakti Yoga risiede nell'idea di amore disinteressato, in cui i devoti offrono le loro azioni, pensieri ed emozioni al divino senza alcuna aspettativa di guadagno o ricompensa personale. Questa dedizione disinteressata promuove un profondo senso di resa e umiltà, consentendo agli individui di trascendere il loro ego e fondersi con la presenza divina.

Inoltre, la pratica del Bhakti Yoga sottolinea l'importanza di coltivare virtù come compassione, gentilezza ed empatia, estendendo l'amore che si prova per il divino a tutti gli esseri. Questa espansione dell'amore oltre i confini della propria identità personale promuove un senso di connessione e interdipendenza universale, alimentando così una visione del mondo armoniosa e inclusiva. Un altro principio fondamentale del Bhakti Yoga è il significato di pratiche spirituali regolari come preghiera, canto e meditazione nel nutrire e rafforzare la propria devozione.

Queste pratiche servono come metodi per focalizzare la mente ed elevare la coscienza, creando una comunione intima con il divino. Inoltre, il percorso del Bhakti Yoga sottolinea il potere trasformativo dell'amore e della devozione, guidandoci a purificare i nostri cuori e le nostre menti, promuovendo così l'armonia interiore e la crescita spirituale.

Il ruolo dell'emozione e della resa nella pratica spirituale:

Nella pratica del Bhakti Yoga, il ruolo dell'emozione e della resa è fondamentale. L'emozione funge da forza potente che spinge il devoto verso una connessione più profonda con il divino. È attraverso l'espressione di emozioni genuine come amore, devozione e adorazione che ci si può veramente arrendere alla volontà del divino. Le emozioni agiscono come un carburante che accende il fuoco della devozione nel cuore, conducendo il praticante in un viaggio di amore disinteressato e fede incrollabile. La pratica della resa nel Bhakti Yoga implica il lasciar andare l'ego e abbracciare l'umiltà, riconoscendo che il controllo finale è nelle mani del divino. Questa resa non è un atto di debolezza, ma piuttosto una scelta consapevole di rinunciare all'illusione del controllo e riporre fiducia nella saggezza del potere superiore. È attraverso la liberazione dei desideri e degli attaccamenti personali che il devoto si apre a ricevere la grazia e le benedizioni del divino. La

Gita, come spiegato da Vyasa, sottolinea il potere trasformativo della resa emotiva, insegnando che la vera liberazione deriva dall'offrire con tutto il cuore le proprie emozioni e azioni al divino senza attaccamento ai risultati. Attraverso il processo di resa, l'individuo trascende i limiti dell'ego e si fonde con la coscienza universale, sperimentando un senso di unità con il divino. Questo sublime stato di resa emotiva conduce alla pace interiore, alla gioia e a un profondo senso di interconnessione con tutta la creazione. In sostanza, la pratica del Bhakti Yoga incoraggia il devoto a coltivare una relazione sincera con il divino, consentendo alle emozioni di fungere da ponte che unisce lo spirito umano con l'infinita fonte di amore e compassione.

La relazione tra il devoto e il divino:

La relazione tra devoto e sottolinea l'intima connessione e l'amore che esiste tra un individuo e la forza cosmica universale. In questa sacra relazione, il devoto percepisce il Divino non come un'entità distante e astratta, ma come una presenza personale che risponde alla sua devozione e al suo amore. Questo legame è caratterizzato da profonda riverenza, fiducia e resa emotiva. Il devoto riconosce l'onnipresenza del Divino e cerca di coltivare un senso di vicinanza attraverso la preghiera, l'adorazione e il servizio disinteressato. Attraverso questo legame nutriente, il devoto sperimenta un senso di interconnessione, trovando conforto e ispirazione nella compagnia incrollabile del Divino. Inoltre, la relazione tra il devoto e il Divino è di reciprocità, dove il devoto offre adorazione e servizio sentiti e il Divino risponde con amore, guida e grazia. Questa dinamica reciproca promuove un profondo senso di sicurezza e scopo, rafforzando la fede e la devozione del devoto. Inoltre, la tradizione Bhakti esalta la nozione di comunione divina, in cui il devoto anela all'unione con l'Essere Supremo, trascendendo l'identità individuale e fondendosi con l'essenza eterna e sconfinata del Divino. Questo desiderio di unità assoluta genera un fervore spirituale che spinge il devoto verso l'autotrascendenza e la liberazione dagli attaccamenti mondani. In definitiva, la relazione tra devoto e Divino incarna l'essenza dell'amore incondizionato, sottolineando il potere trasformativo del Bhakti Yoga nel nutrire una connessione con la fonte divina di tutta l'esistenza.

Fasi della devozione:

La devozione, come sposata nel Bhakti Yoga, è un viaggio trasformativo che comprende varie fasi, ciascuna delle quali conduce il praticante più vicino allo stato ultimo di amore assoluto per il Divino. La fase iniziale della devozione spesso inizia con un seme di fede, che può essere ispirato dall'educazione religiosa, dalle esperienze spirituali o dall'esposizione agli insegnamenti di saggi saggi. Questa fede nascente funge da catalizzatore per ulteriori esplorazioni e pratiche nel regno del Bhakti Yoga.

Man mano che l'individuo si addentra nella pratica del Bhakti Yoga, la seconda fase si dispiega sotto forma di intenso desiderio o brama per il Divino. Questo desiderio alimenta il desiderio del ricercatore di connettersi con l'oggetto della devozione, spesso assumendo la forma di preghiere sentite, rituali e atti di servizio dedicati al Divino. Tale fervente desiderio diventa una forza trainante, che spinge il praticante lungo il cammino della devozione.

La terza fase segna lo sbocciare dell'amore e dell'adorazione per il Divino. In questa fase, il praticante trascende le semplici pratiche rituali e inizia a coltivare una profonda connessione emotiva con il Divino. Questo amore diventa onnicomprensivo, permeando ogni sfaccettatura dell'essere del devoto e generando un senso di unità con il Divino. Tale amore è incondizionato, disinteressato e privo di aspettative mondane;

è una pura effusione della riverenza del cuore per l'essenza divina.

Lo stadio finale simboleggia l'apice della devozione: l'amore assoluto per il Divino. In questo stadio, il praticante sperimenta una comunione incrollabile ed estatica con il Divino, in cui i confini tra l'adoratore e l'adorato si dissolvono in un'unione inscindibile. L'amore assoluto trascende la dualità di soggetto e oggetto, fondendo la coscienza del devoto con la coscienza divina in uno stato di sublime estasi e unità.

In tutte queste fasi, il Bhakti Yoga fornisce un percorso strutturato ma profondamente personale per evolvere dalla scintilla iniziale di fede allo stato radioso di amore assoluto per il Divino. Ogni fase offre sfide e ricompense uniche, guidandoci verso una relazione profonda e duratura con il Divino che permea ogni aspetto della vita.

Insegnamenti di Vyasa sulla devozione e l'amore per Dio:

Gli insegnamenti di Vyasa sottolineano l'importanza di coltivare una devozione sincera e disinteressata verso il Divino, poiché è attraverso questo amore incrollabile che si può raggiungere la vera liberazione. Ha affermato che la vera bhakti trascende le pratiche rituali o le semplici affermazioni verbali; necessita di una profonda connessione personale con la presenza divina. Gli insegnamenti di Vyasa sottolineano che ogni azione, che si tratti di attività mondane o rituali sacri, può essere una meravigliosa espressione di amore e dedizione al Divino quando eseguita con un cuore puro. Ha esortato gli individui a infondere la loro vita quotidiana di devozione, riconoscendo ogni momento come un'opportunità per coltivare una relazione intima con il Divino. Le intuizioni del saggio sottolineano che la devozione non è confinata alle pareti dei templi o agli ambienti meditativi; permea ogni aspetto della propria esistenza, illuminando ogni pensiero, parola e azione con lo splendore dell'amore divino. Vyasa ha esposto magnificamente le varie forme di devozione, evidenziando che l'amore per il Divino può manifestarsi in numerosi modi: attraverso la preghiera, la meditazione, il servizio agli altri o semplicemente rimanendo in soggezione di fronte alla bellezza della creazione. I suoi insegnamenti illuminano l'universalità della bhakti, affermando che tutte le sincere espressioni di amore e riverenza conducono alla stessa unione ultima con il Divino. Inoltre, la saggezza di Vyasa offre conforto a coloro che sperimentano le complessità delle sfide della vita mentre cercano una connessione più profonda con il Divino. Ha offerto una guida inestimabile per superare dubbi, ostacoli e battute d'arresto che possono ostacolare il cammino della devozione, sottolineando la resilienza, la fede e la pazienza come virtù essenziali. In definitiva, Vyasa ha coltivato una comprensione dell'amore come essenza dell'esistenza umana.

Superare le sfide sul cammino della devozione:

In un mondo guidato dalla razionalità e dalle prove empiriche, gli individui potrebbero trovare difficile abbracciare con tutto il cuore il concetto di amore incondizionato per un essere divino. Superare questo ostacolo richiede una profonda introspezione, un'indagine spirituale e la coltivazione della fede interiore. Inoltre, influenze esterne come pressioni sociali, diversi sistemi di credenze e aspettative familiari possono creare ostacoli per coloro che si dedicano alla pratica del Bhakti Yoga. Inoltre, l'esperienza umana è piena di prove e tribolazioni e i devoti possono incontrare difficoltà personali che scuotono le fondamenta della loro devozione. La perdita di una persona cara, difficoltà finanziarie o problemi di salute possono presentare prove formidabili della propria dedizione al percorso del Bhakti. In tali momenti, gli insegnamenti della Bhagavad Gita offrono conforto e guida, sottolineando la necessità di una fiducia incrollabile nel divino, anche in mezzo alle avversità.

Capitolo VII
IL DISTACCO E LA CRESCITA SPIRITUALE

Introduzione al Vairagya:

Il distacco, noto come Vairagya nel contesto spirituale, è al centro di molti insegnamenti spirituali ed è spesso considerato un prerequisito essenziale per raggiungere la vera liberazione e l'autorealizzazione. Il concetto di distacco ruota attorno all'idea di rinunciare agli attaccamenti, ai desideri e alle avversioni mondani, trascendendo così la mente guidata dall'ego e raggiungendo uno stato di equilibrio interiore. Attraverso la coltivazione del distacco, gli individui cercano di svelare la natura illusoria dell'esistenza materiale e di dirigere la loro coscienza verso gli aspetti eterni e immutabili del sé.

I fondamenti filosofici del distacco sono profondamente radicati nel riconoscimento della natura transitoria ed effimera dei fenomeni mondani. Riconoscendo l'impermanenza di tutti i beni materiali, relazioni ed esperienze, i praticanti del distacco mirano a districarsi dal ciclo incessante di attaccamento e avversione che li lega al mondo esterno in continua evoluzione. Questa intuizione fondamentale sulla natura della realtà funge da catalizzatore per la trasformazione interiore, poiché spinge gli individui a cercare una realizzazione duratura al di là dei piaceri fugaci della gratificazione sensoriale e delle attività materiali.

Inoltre, il distacco non solo comprende la rinuncia ai beni materiali, ma comporta anche un distanziamento psicologico ed emotivo dal flusso incessante di desideri ed emozioni. Sviluppando un senso di non attaccamento verso i risultati delle loro azioni e i capricci della vita, gli aspiranti aspirano a raggiungere uno stato di incrollabile calma e resilienza in mezzo ai tumulti mondani. Questa stabilità interiore, nata dal distacco, dà potere agli individui di affrontare le complessità dell'esistenza con chiarezza e compostezza, liberi dal peso di eccessivi coinvolgimenti emotivi.

Nella ricerca della liberazione spirituale, il distacco assume un'importanza fondamentale in quanto funge da efficace antidoto all'illusione di separatezza e individualità. Eliminando gli strati di false identificazioni e costrutti egoici, i praticanti possono gradualmente scoprire la loro unità intrinseca con la coscienza universale. Il distacco diventa quindi un processo trasformativo che conduce gli individui verso la realizzazione della loro natura essenziale, trascendendo i limiti dell'ego e abbracciando l'espansività del Sé cosmico. Di conseguenza, comprendendo l'interconnessione sottostante di tutti gli esseri e fenomeni, si può trascendere l'illusione di isolamento e frammentazione, sperimentando infine un senso di unità e armonia con l'esistenza.

Principi fondamentali del Vairagya come insegnato da Vyasa:

Vairagya, come esposto da Vyasa nella Gita, racchiude una profonda comprensione della psiche umana e della sua relazione con il mondo materiale. Gli insegnamenti di Vyasa sottolineano il principio fondamentale secondo cui il distacco non equivale alla rinuncia o all'astensione dalle responsabilità mondane, ma piuttosto comporta la coltivazione di una mentalità che non si lascia influenzare dal flusso e riflusso dei desideri e degli attaccamenti. Questo principio fondamentale è intessuto nel tessuto della filosofia vedica e costituisce un aspetto fondamentale della saggezza spirituale della Gita.

L'approccio di Vyasa al Vairagya sottolinea l'importanza di bilanciare i propri doveri e obblighi con un'attenzione incrollabile al Sé superiore. Egli chiarisce che il vero distacco non è sinonimo di indifferenza o distacco; piuttosto, necessita di un'acuta consapevolezza della natura transitoria dei piaceri mondani e di un impegno incrollabile nel perseguimento della crescita spirituale. Attraverso i suoi insegnamenti, Vyasa impartisce la nozione che coltivare il distacco è imperativo per trascendere i cicli di nascita e morte, conducendo così gli individui verso l'autorealizzazione e la liberazione.

Vyasa approfondisce l'interazione sfumata tra Vairagya e Karma, sottolineando che il distacco autentico consente agli individui di impegnarsi in azioni giuste senza essere guidati da desideri o brame egoistiche. Questo intreccio di distacco con il concetto di Nishkama Karma, azione disinteressata priva di attaccamento ai risultati, costituisce la pietra angolare del discorso di Vyasa sul vivere una vita con uno scopo e spiritualmente appagante.

Aspetti emotivi e psicologici del distacco:

Il distacco comprende sia le dimensioni emozionali che psicologiche che sono parte integrante dell'evoluzione spirituale di una persona. Da un punto di vista emozionale, il distacco implica un approccio equilibrato verso le esperienze, le relazioni e i risultati della vita. Comporta la capacità di riconoscere e provare emozioni senza permettere loro di dettare le proprie azioni o il proprio stato d'essere. Ciò non significa sopprimere o negare le emozioni, ma piuttosto coltivare una consapevolezza consapevole di esse, favorendo così un senso di equanimità.

Psicologicamente, il distacco implica la liberazione di sé stessi dalla morsa incessante di desideri, attaccamenti e motivazioni guidate dall'ego. Attraverso l'autoconsapevolezza e l'introspezione, si può iniziare a riconoscere la natura transitoria e illusoria delle attività mondane, liberando così la mente da indebite preoccupazioni per i beni materiali o lo status. Questa sfaccettatura psicologica del distacco consente un cambiamento di prospettiva, che porta a una comprensione più profonda del sé e della natura della realtà. Come delineato da Vyasa, questo processo consente agli individui di districarsi dalla rete di illusioni e false identificazioni, aprendo la strada alla chiarezza interiore e alla crescita spirituale.

Gli aspetti emozionali e psicologici del distacco si intersecano e si influenzano a vicenda in modi significativi. Il distacco emozionale funge da salvaguardia contro l'essere intrappolati nei desideri dell'ego, mentre il distacco psicologico consente agli individui di regolare le proprie risposte emozionali con discernimento e sagacia. Insieme, formano una sinergia armoniosa che promuove la serenità mentale e la resilienza. Integrando questi aspetti del distacco nella vita quotidiana, gli individui possono coltivare un profondo senso di pace e liberazione, trascendendo le vicissitudini del mondo esterno.

Il ruolo della meditazione e della consapevolezza:

La meditazione serve come mezzo per sviluppare un atteggiamento non giudicante verso le proprie esperienze, facilitando così il riconoscimento dell'impermanenza e della natura transitoria di tutti i fenomeni. Abbracciando questa prospettiva, i praticanti allentano gradualmente la presa dell'attaccamento, comprendendo che aggrapparsi a esperienze fugaci porta solo alla sofferenza. Inoltre, le pratiche di consapevolezza consentono agli individui di ancorarsi al momento presente, slegati dai rimpianti passati o dalle ansie future, il che a sua volta favorisce un senso di distacco dalle circostanze esterne.

Inoltre, la meditazione consente agli individui di osservare il flusso incessante di pensieri ed emozioni senza esserne travolti. Affinando la capacità di assistere a questi fenomeni mentali con equanimità, gli individui sviluppano un distacco dai desideri e dalle avversioni incessanti dell'ego. Questo distacco consente una percezione più chiara della realtà, non offuscata da pregiudizi e attaccamenti personali.

D'altra parte, le pratiche di consapevolezza incoraggiano gli individui ad affrontare le relazioni e le interazioni personali con un senso di compassione distaccata. Rimanendo radicati nel momento presente e coltivando una consapevolezza imparziale, i praticanti possono impegnarsi con gli altri da una posizione di genuina empatia, liberi dal peso di desideri o aspettative egoistiche. Ciò favorisce connessioni armoniose basate sul rispetto e sulla comprensione reciproci, piuttosto che sulla dipendenza o sulla possessività.

La meditazione regolare e la consapevolezza non solo favoriscono il distacco interiore, ma migliorano anche la resilienza di fronte alle sfide della vita. Rafforzando la mente contro la reattività e l'impulsività, gli individui sviluppano la capacità di rispondere abilmente alle avversità, riconoscendo che le circostanze esterne non devono necessariamente dettare il loro stato interiore. Questa resilienza deriva dalla coltivazione del distacco, consentendo agli individui di affrontare le vicissitudini della vita con maggiore equanimità e grazia.

Capitolo VIII
LA DISCIPLINA DELLA MENTE E DEL CORPO

Introduzione allo Yoga nella Bhagavad Gita:

Lo yoga nella Bhagavad Gita viene introdotto come metodo per raggiungere l'illuminazione spirituale e l'autorealizzazione. All'interno del testo sacro, il concetto di yoga comprende non solo posture fisiche e controllo del respiro, ma anche l'unione dell'anima individuale con la realtà ultima. La Gita chiarisce vari percorsi di yoga che soddisfano le diverse inclinazioni e i temperamenti degli individui, offrendo una guida completa per armonizzare corpo, mente e spirito. Come aspetto fondamentale degli insegnamenti della Gita, lo yoga serve come mezzo per trascendere i limiti del mondo materiale e connettersi con l'essenza divina interiore.

Attraverso il dialogo tra Krishna e Arjuna, viene esposta la saggezza dello yoga, sottolineando il potere trasformativo dell'allineamento delle proprie azioni, emozioni e intelletto con la coscienza superiore. Inoltre, la Gita presenta lo yoga come un approccio olistico alla vita, che comprende valori morali ed etici che supportano la crescita personale e l'armonia sociale. In questo contesto, la pratica dello yoga si estende oltre i confini di una mera disciplina fisica, approfondendo la concentrazione mentale, l'equilibrio emotivo e la rettitudine morale.

Il contesto storico dello yoga risale al primo periodo vedico, in cui il concetto di disciplina spirituale e autorealizzazione iniziò a prendere forma. Il Rigveda, uno dei più antichi testi sacri, contiene inni che alludono alla pratica dello yoga e della meditazione come mezzi per connettersi con il divino. Nel tempo, queste idee fondamentali si sono evolute e hanno trovato elaborazione in testi come le Upanishad, che hanno approfondito la natura della realtà e del sé. Fu durante questo periodo che i fondamenti filosofici dello yoga, inclusi i concetti di karma, dharma e moksha, acquisirono importanza. L'influenza di questi antichi insegnamenti sullo sviluppo dello yoga non può essere sopravvalutata.

Con il passare del tempo, varie scuole di filosofia e pensiero, come Samkhya e Vedanta, hanno contribuito alla comprensione multiforme dello yoga. La sintesi di queste diverse tradizioni è culminata nell'articolazione sistematica dello yoga in testi come gli Yoga Sutra di Patanjali, dove è stato chiarito il percorso dello yoga a otto rami (Ashtanga Yoga). Questa forma classica di yoga enfatizzava i principi etici, le posture fisiche, il controllo del respiro, il ritiro sensoriale, la concentrazione, la meditazione e, in ultima analisi, l'illuminazione.

Nei tempi moderni, la diffusione dello yoga ha trasceso i confini culturali e permeato la coscienza globale. L'integrazione dello yoga negli stili di vita contemporanei ha portato a varie interpretazioni e adattamenti, dando origine a pratiche come Hatha Yoga, Vinyasa Yoga e Kundalini Yoga. Inoltre, la ricerca scientifica ha convalidato molti dei benefici dello yoga, portando alla sua diffusa accettazione come sistema olistico per migliorare il benessere fisico, mentale ed emotivo.

Connessione tra mente e corpo – La filosofia dello yoga:

Nella Bhagavad Gita, la connessione tra mente e corpo è enfatizzata come un aspetto fondamentale per raggiungere la crescita spirituale e l'autorealizzazione. Comprendendo la relazione tra mente e corpo, gli individui possono sfruttare il potere dello yoga per raggiungere l'armonia fisica, mentale ed emotiva.

Al centro di questa filosofia c'è il concetto che il nostro stato mentale influenza direttamente il nostro benessere fisico, e viceversa. La Gita insegna che coltivando una mente equilibrata e tranquilla, si può coltivare un corpo più sano, mentre un corpo sano fornisce un ambiente favorevole per la chiarezza mentale e la pace interiore. La pratica dello yoga incoraggia gli individui a esplorare questa interazione attraverso varie tecniche, guidandoli verso un'integrazione armoniosa di mente e corpo.

I fondamenti filosofici dello yoga sottolineano anche l'importanza di coltivare consapevolezza di sé e consapevolezza. Sintonizzando la mente sul momento presente e riconoscendo le sensazioni all'interno del corpo, i praticanti imparano a riconoscere le sottili connessioni tra i loro pensieri, emozioni ed esperienze fisiche. Questa maggiore consapevolezza favorisce una comprensione più profonda di sé e consente agli individui di affrontare la vita con maggiore resilienza emotiva e forza mentale.

Inoltre, la filosofia alla base delle pratiche yogiche sottolinea il concetto di "samatvam" o equanimità, promuovendo uno stato di equilibrio dell'essere indipendentemente dalle circostanze esterne. Attraverso lo yoga, i praticanti imparano a mantenere un senso di calma in mezzo agli alti e bassi della vita, abbracciando sia la gioia che le sfide con una compostezza incrollabile. In definitiva, la filosofia dello yoga offre un quadro olistico per gli individui per sviluppare una connessione tra la loro mente e il loro corpo, portando al benessere generale e all'evoluzione spirituale.

I quattro percorsi dello yoga:

Lo yoga, come esposto nella Bhagavad Gita, comprende quattro percorsi principali, ognuno dei quali offre un approccio distinto alla realizzazione spirituale e all'auto-scoperta. Il percorso del Karma Yoga enfatizza l'azione disinteressata e il servizio come mezzo per raggiungere la purezza interiore e il distacco dai frutti delle proprie azioni. Insegna agli individui a impegnarsi nei propri doveri con dedizione e integrità, senza essere attaccati ai risultati. Questo percorso è ideale per coloro che sono inclini al lavoro umanitario e al servizio alla comunità, cercando la crescita spirituale attraverso azioni altruistiche.

Il Bhakti Yoga, d'altro canto, è incentrato sulla devozione e l'amore per il divino. Incoraggia i praticanti a coltivare una profonda connessione emotiva e una fede incrollabile in una divinità scelta o forma del divino. Attraverso la preghiera, l'adorazione e i rituali, gli aderenti al Bhakti Yoga mirano a trascendere l'ego e a fondersi con l'essenza divina, ottenendo infine la liberazione spirituale attraverso l'amore puro e incondizionato. Questo percorso è adatto a coloro che sono inclini all'espressione emotiva e alla devozione sincera nella loro ricerca della crescita spirituale.

Il Raja Yoga, spesso definito "Royal Path", si concentra sulla sistematica raffinatezza della mente e dei sensi attraverso pratiche come la meditazione, la concentrazione e la disciplina mentale. Offre tecniche complete per controllare i processi di pensiero, raggiungendo così la quiete interiore e una maggiore consapevolezza. Il Raja Yoga prescrive un approccio graduale alla padronanza psicologica, guidando i praticanti verso l'introspezione e l'autorealizzazione. Questo percorso è adatto a individui con una forte inclinazione verso la disciplina mentale e la contemplazione introspettiva come parte del loro viaggio spirituale.

Infine, Jnana Yoga, il percorso della saggezza e della conoscenza, si addentra nell'indagine filosofica e nella comprensione intellettuale della natura della realtà e del sé. Comporta un'indagine rigorosa su se stessi, un'analisi critica e la contemplazione dei principi fondamentali dell'esistenza. Attraverso la ricerca della conoscenza discernente e la realizzazione della verità ultima, i praticanti di Jnana Yoga cercano di trascendere tutte le dualità e le limitazioni, raggiungendo infine l'unione con la coscienza suprema. Questo percorso risuona con coloro che sono inclini a ricerche accademiche e all'esplorazione filosofica nella loro ricerca dell'illuminazione spirituale.

Asana:

La pratica degli asana, o posture fisiche, non sono semplicemente esercizi fisici, ma strumenti per allineare il corpo fisico con il sé spirituale. Ogni postura è progettata per creare uno stato di equilibrio, forza, flessibilità e concentrazione mentale che prepara il praticante a stati più profondi di meditazione e autorealizzazione. Nel contesto della Gita, gli asana servono come mezzo per armonizzare la connessione corpo-mente-spirito.

Nel corso dei secoli, varie tradizioni yoga hanno sviluppato sequenze specifiche di asana per rispondere a diverse esigenze e aspirazioni. La Gita sottolinea il valore terapeutico degli asana, sottolineando la loro capacità di alleviare disturbi fisici e promuovere il benessere generale. Quando praticata con consapevolezza e intenzione, ogni postura diventa un'opportunità per incarnare le qualità di perseveranza, grazia e resa, tutte centrali nel percorso di crescita spirituale.

Inoltre, gli asana facilitano il rilascio della tensione fisica e mentale, consentendo ai praticanti di coltivare una maggiore consapevolezza del momento presente. Questa maggiore consapevolezza fornisce una porta verso una comprensione più profonda del sé e dell'interconnessione di tutta l'esistenza. Estendendo questa consapevolezza a ogni movimento e respiro, i praticanti possono trascendere i limiti della forma fisica e sperimentare un senso di unità con il divino.

Nella Bhagavad Gita, il Signore Krishna esalta la virtù di compiere il proprio dovere senza attaccamento ai risultati, un concetto noto come Nishkama Karma. Gli asana incarnano questa filosofia incoraggiando i praticanti a impegnarsi in ogni postura con dedizione sincera, ma senza essere attaccati ad alcuna aspettativa o desiderio. Questo distacco dai risultati promuove un senso di libertà interiore e facilita il viaggio verso l'autorealizzazione.

Il Pranayama:

Il Pranayama, la pratica del controllo del respiro, svolge un ruolo fondamentale nella tradizione yogica delineata nella Bhagavad Gita. Regolando il respiro, i praticanti mirano ad armonizzare corpo, mente e spirito, portando infine a chiarezza mentale e maggiore vitalità. Questa antica disciplina prevede una serie di esercizi di respirazione ritmica che possono avere un profondo impatto sul benessere e l'evoluzione spirituale di una persona.

La Gita sottolinea il pranayama come mezzo per placare le fluttuazioni della mente, promuovendo la pace interiore e una maggiore consapevolezza. Manipolando consapevolmente il respiro, gli individui possono attingere alla loro forza vitale o prana, incanalandola per eliminare i blocchi e promuovere l'equilibrio generale. L'arte del pranayama si estende oltre la semplice inspirazione ed espirazione, comprendendo varie tecniche come la respirazione alternata delle narici, il kapalabhati e il respiro ujjayi. Ogni metodo ha scopi distinti, che vanno dall'energizzare il sistema al calmare la mente e coltivare la consapevolezza.

Gli effetti del pranayama sul benessere fisico e mentale sono stati convalidati dalla moderna ricerca scientifica, convalidandone il ruolo nella riduzione dello stress, nel miglioramento delle funzioni cognitive e nell'aumento della resilienza emotiva. Inoltre, la Bhagavad Gita espone il pranayama come uno strumento trasformativo per l'autocontrollo, consentendo agli individui di trascendere i limiti dell'ego e di connettersi con la loro coscienza superiore.

Come parte dell'approccio olistico allo yoga, il pranayama consente ai praticanti di affrontare il panorama interiore, scoprendo una comprensione più profonda del sé e dell'interconnessione di tutta l'esistenza. È attraverso la pratica disciplinata del pranayama che gli individui possono accedere a uno stato di tranquillità e inaugurare la chiarezza mentale, preparando il terreno per stadi avanzati di meditazione e autorealizzazione.

Meditazione:

Radicata nell'antica saggezza della tradizione vedica, la meditazione è considerata uno strumento trasformativo che consente agli individui di connettersi con il loro vero sé e con l'essenza divina interiore. La pratica della meditazione implica la coltivazione di uno stato di concentrazione, consentendo alla mente di trascendere la sua natura irrequieta ed entrare in uno stato di serenità. Calmando l'incessante chiacchiericcio della mente, i praticanti possono scoprire un senso di pace interiore e chiarezza che funge da fondamento per la crescita spirituale.

La Bhagavad Gita sottolinea che attraverso la meditazione regolare, gli individui possono allineare i propri pensieri, emozioni e azioni con principi superiori, promuovendo un senso di equilibrio e scopo nella vita. Inoltre, la meditazione facilita la dissoluzione degli ostacoli e delle distrazioni mentali, spianando la strada all'autorealizzazione e all'intuizione della natura della realtà. La scrittura chiarisce varie tecniche di meditazione, che vanno dall'attenzione focalizzata su oggetti specifici o mantra alla pratica della consapevolezza e della contemplazione. Ogni metodo è finalizzato a guidare il praticante verso uno stato di maggiore consapevolezza e unità con il divino.

Inoltre, la Bhagavad Gita chiarisce che i benefici della meditazione vanno oltre la calma e la chiarezza mentale, abbracciando il benessere fisico e la resilienza emotiva. Man mano che gli individui si addentrano nei regni della meditazione, coltivano un senso di empatia, compassione e interconnessione con tutti gli esseri, alimentando una relazione armoniosa con il mondo che li circonda.

Yama e Niyama:

Yama, le discipline etiche, e Niyama, le osservanze, costituiscono il fondamento per coltivare una vita equilibrata e armoniosa. Yama comprende restrizioni morali, promuovendo integrità e rettitudine nella propria condotta. Sono costituiti da cinque principi: Ahimsa (non violenza), Satya (veridicità), Asteya (non furto), Brahmacharya (castità o autocontrollo) e Aparigraha (non possessività). Questi principi guidano gli individui nelle loro interazioni con gli altri e il mondo, enfatizzando compassione, onestà e rispetto per sé stessi e per gli altri. Inoltre, Niyama si concentrano sulle osservanze personali e sull'autodisciplina, alimentando una pratica riflessiva interiore. I cinque Niyama includono Saucha (purezza), Santosha (contentezza), Tapas (disciplina), Svadhyaya (auto-studio) e Ishvara Pranidhana (resa a un potere superiore). Questi Niyama incoraggiano gli individui a purificare il loro corpo e la loro mente, coltivare gratitudine e accettazione, sviluppare autodisciplina, impegnarsi nell'auto-riflessione attraverso lo studio e la contemplazione e abbandonare l'ego a una fonte superiore. Incorporando gli Yama e i Niyama nella loro vita quotidiana, gli individui possono impegnarsi per raggiungere l'equilibrio interiore ed esteriore, portando alla crescita spirituale e all'autorealizzazione. La comprensione e l'incarnazione di questi principi etici contribuiscono allo sviluppo olistico di un individuo, promuovendo virtù che sono favorevoli al benessere personale e all'armonia sociale. Abbracciare gli Yama e i Niyama consente agli individui di allineare le loro azioni e atteggiamenti con valori che promuovono un modo di vivere più compassionevole, integrato e mirato.

L'obiettivo finale – L'unione con il Sé attraverso lo yoga:

L'obiettivo finale dello Yoga è il raggiungimento dell'unione con il sé, o la realizzazione della propria vera natura. La Gita esalta il percorso dello Yoga come mezzo per trascendere i limiti del corpo fisico e della mente, e per connettersi con la coscienza superiore che permea tutta l'esistenza. Nel suo nucleo, la pratica dello Yoga è un viaggio verso l'autorealizzazione, che conduce a un senso di pace interiore, armonia e realizzazione spirituale. Il concetto di unione, o "yoga", significa l'allineamento del sé individuale con il sé universale, il riconoscimento dell'interconnessione di tutta la vita e l'esperienza dell'unità con il divino. Attraverso la coltivazione dell'autodisciplina, dell'equilibrio emotivo e della chiarezza mentale, i praticanti dello Yoga si sforzano di dissolvere le illusioni di separatezza ed ego e di risvegliarsi all'unità essenziale che sta alla base di tutta la creazione. Questo stato di unione, noto come "Samadhi", rappresenta l'apice dell'evoluzione spirituale e la realizzazione della verità più elevata. La Gita sottolinea che questa unione non è limitata al regno fisico o intellettuale, ma comprende la totalità dell'essere, comprendendo corpo, mente e anima. Il perseguimento di questo obiettivo finale implica l'integrazione di varie pratiche yogiche, tra cui la vita etica, il servizio disinteressato, la meditazione e la contemplazione. Impegnandosi in queste discipline trasformative, gli individui possono gradualmente purificare gli strati della loro coscienza, allineandosi più strettamente con l'essenza divina che risiede al loro interno.

Capitolo IX
LA NATURA DEL DIVINO

Brahman - La Realtà Ultima:

Brahman rappresenta la realtà ultima che sostiene e trascende l'intero cosmo. Tra le diverse concettualizzazioni del divino, Brahman detiene uno status unico come essenza non manifesta, senza forma e infinita da cui emana tutta l'esistenza. Questo concetto si addentra nel substrato della realtà che si trova oltre il mondo fenomenico, fornendo un quadro per comprendere l'interconnessione di tutti gli esseri e l'unità sottostante che permea la creazione. Nel definire Brahman, è fondamentale riconoscere la sua intrinseca trascendenza, onnipresenza ed eterna natura. Si erge come il principio fondamentale che sostiene l'ordine cosmico, comprendendo sia l'immanenza che la trascendenza nella sua natura divina.

La rappresentazione di Brahman da parte di Vyasa sottolinea la natura ineffabile e incomprensibile di questa realtà ultima, cercando di chiarirne il significato nella ricerca dell'illuminazione spirituale. Il concetto di Brahman comprende anche l'idea di Sat-Chit-Ananda, che significa esistenza, coscienza e beatitudine, che formano le qualità intrinseche della realtà ultima. Inoltre, la nozione di Brahman si estende oltre le concezioni antropomorfiche della divinità, invitando gli individui a trascendere i costrutti mentali limitati e a percepire il divino nella sua forma più espansiva. Questa visione cosmica di Brahman sfida le concezioni convenzionali del divino, indicando una realtà che trascende dualità e limitazioni. Mentre i lettori esplorano la rete del discorso filosofico che circonda Brahman, incontrano un invito a contemplare i misteri più profondi dell'esistenza e a cercare la comunione con l'ineffabile. Inoltre, il concetto di Brahman funge da luce guida per coloro che intraprendono il cammino dell'autorealizzazione, offrendo un punto focale trascendente attorno al quale ruota l'intero viaggio spirituale.

Attraverso un'esplorazione sfumata di Brahman, gli individui sono incoraggiati a coltivare una maggiore consapevolezza della realtà ultima, guidando i loro pensieri e le loro azioni verso l'allineamento con l'armonia cosmica. Abbracciare la nozione di Brahman genera un cambiamento trasformativo di prospettiva, illuminando l'interconnessione di tutta la vita e promuovendo un senso di riverenza per l'essenza divina che pervade l'universo. Mentre i ricercatori si immergono nelle profondità degli insegnamenti di Vyasa su Brahman, sono invitati a svelare le verità nascoste nel tessuto dell'esistenza, svelando infine la fonte primordiale da cui emerge tutta la creazione.

Nirguna e Saguna - Gli attributi del Divino:

Nella filosofia indù, il concetto di divino è spesso esplorato attraverso la lente di Nirguna e Saguna Brahman. Nirguna Brahman si riferisce all'aspetto senza forma e senza attributi della realtà ultima, mentre Saguna Brahman rappresenta il divino con attributi e qualità. Questi due aspetti forniscono una comprensione completa della natura del divino e delle sue manifestazioni nel mondo.

Nirguna Brahman trascende tutte le forme e le caratteristiche, esistendo oltre la comprensione umana. È spesso raffigurato come la realtà illimitata e non manifestata che sta alla base di tutta la creazione. Questo aspetto enfatizza la natura ineffabile e infinita del divino, sfidando gli individui a guardare oltre il tangibile e a cercare una connessione più profonda con la verità non manifestata. Attraverso la meditazione e l'introspezione, i ricercatori si sforzano di realizzare la natura senza forma di Nirguna Brahman, riconoscendo che non può essere confinata a nessuna costruzione fisica o mentale.

D'altro canto, Saguna Brahman incarna gli attributi e le qualità divine accessibili alla comprensione umana. È raffigurato come la manifestazione personale della realtà ultima, spesso raffigurata in varie divinità e forme divine. Attribuendo qualità come compassione, saggezza e potere a Saguna Brahman, gli individui possono stabilire una connessione più intima e riconoscibile con il divino. L'adorazione e la devozione rivolte a divinità specifiche nell'Induismo esemplificano la riverenza per l'aspetto Saguna di Brahman, consentendo ai praticanti di coltivare una relazione con il divino che si allinea con le loro inclinazioni e aspirazioni individuali.

Gli insegnamenti di Vyasa nella Bhagavad Gita gettano luce sulla coesistenza di entrambi gli aspetti Nirguna e Saguna all'interno del divino. Egli sottolinea la natura trascendentale di Nirguna Brahman, riconoscendo al contempo il significato di Saguna Brahman nel facilitare una connessione tangibile tra l'anima individuale e il divino. La nozione di bilanciamento di questi aspetti duali funge da principio fondamentale nell'esperienza del viaggio spirituale, incoraggiando i ricercatori a riconoscere l'essenza senza forma, abbracciando al contempo le espressioni personalizzate del divino.

L'esplorazione di Nirguna e Saguna Brahman sottolinea la ricchezza e la complessità della natura divina, offrendo ai praticanti diversi percorsi per entrare in risonanza con la realtà ultima. Sia attraverso la contemplazione dell'assoluto senza forma o la devozione a divinità con attributi distinti, ci viene presentato uno spettro dinamico di manifestazioni divine che si adattano a diverse inclinazioni spirituali e prospettive filosofiche.

La relazione tra l'anima individuale e Brahman:

Secondo Vyasa, l'anima individuale, o Atman, è connessa a Brahman, la realtà ultima. Il concetto di unità Atman-Brahman costituisce la pietra angolare del Vedanta ed è un principio fondamentale per comprendere la natura dell'esistenza e della liberazione. Vyasa spiega questa relazione chiarendo che ogni essere vivente, nel suo nucleo, è un'espressione di Brahman. L'anima individuale non è separata dal divino, ma piuttosto una sua manifestazione. Questa interconnessione implica che ogni individuo porta dentro di sé l'essenza di Brahman, sebbene spesso oscurata dall'ignoranza e dagli intrecci mondani. Vyasa sottolinea l'importanza di realizzare questa connessione intrinseca come mezzo per trascendere il ciclo di nascita e morte e raggiungere la liberazione spirituale. Attraverso l'autorealizzazione e la comprensione della natura eterna dell'anima, si può sperimentare il legame indistruttibile con Brahman. Inoltre, Vyasa chiarisce che le limitazioni e la natura transitoria del mondo materiale sono illusorie, ed è attraverso il riconoscimento dell'essenza immortale dell'anima come parte di Brahman che si può raggiungere la vera libertà. La relazione tra l'anima individuale e Brahman diventa quindi fondamentale nella ricerca dell'illuminazione spirituale. Gli insegnamenti di Vyasa sottolineano l'importanza dell'introspezione, della contemplazione e della realizzazione della presenza divina dentro di sé. Questa connessione offre conforto e scopo, guidando gli individui nel loro cammino verso l'autoscoperta e l'unione definitiva con Brahman.

La prospettiva filosofica di Vyasa sul Brahman:

La rappresentazione di Brahman di Vyasa racchiude la natura trascendente, immanente e onnipotente del divino. Secondo lui, Brahman non è semplicemente un concetto astratto, ma l'essenza fondamentale da cui emana tutta l'esistenza. La prospettiva filosofica di Vyasa su Brahman va oltre il discorso intellettuale; si addentra nell'aspetto esperienziale della realizzazione della presenza divina in ogni aspetto della creazione.

Vyasa chiarisce che l'anima individuale è interconnessa con Brahman. Egli spiega che riconoscere questa relazione intrinseca è fondamentale per raggiungere l'illuminazione spirituale e la liberazione dal ciclo di nascita e morte. Vyasa sottolinea che la comprensione di Brahman non si limita alla comprensione intellettuale, ma richiede un profondo viaggio introspettivo per svelare la vera natura della realtà. La prospettiva di Vyasa sottolinea la natura onnipervadente di Brahman, illustrando che l'essenza divina permea ogni sfaccettatura dell'universo.

Attraverso la sua esposizione filosofica, Vyasa si sforza di guidare i ricercatori verso il riconoscimento dell'unità sottostante alla molteplicità dei fenomeni. Inoltre, la prospettiva di Vyasa su Brahman funge da luce guida per comprendere l'interazione tra gli aspetti trascendenti e immanenti del divino in relazione all'esistenza umana e al cosmo. Le intuizioni filosofiche di Vyasa su Brahman invitano gli individui a trascendere i limiti dell'esistenza materiale ed elevare la loro coscienza per percepire la sublime essenza della realtà. Inoltre, la prospettiva di Vyasa fa emergere l'interconnessione di tutti gli esseri con Brahman, sottolineando l'equilibrio armonioso che esiste all'interno dell'ordine cosmico.

Brahman in relazione alla natura e all'universo:

Brahman, come immaginato da Vyasa, è interconnesso con il concetto di natura e universo. Nella Bhagavad Gita, la raffigurazione di Brahman enfatizza la sua onnipresenza e natura onnicomprensiva, suggerendo che trascende il mondo materiale mentre si manifesta simultaneamente al suo interno. Secondo la sua prospettiva filosofica, Brahman non è confinato a una posizione o forma specifica, ma permea ogni aspetto del cosmo.

L'interconnessione di Brahman con la natura e l'universo sottolinea la relazione dinamica e simbiotica tra i regni trascendentale ed empirico. Vyasa chiarisce che l'ordine cosmico e il mondo naturale sono manifestazioni di Brahman, che riflettono la sua presenza immanente e l'armonia innata che sta alla base di tutta la creazione. Inoltre, i modelli ciclici osservati nell'universo, come le stagioni, il movimento dei corpi celesti e il flusso e riflusso della vita, sono sottolineati come espressioni della danza cosmica di Brahman, che simboleggia il flusso e il ritmo perpetui insiti nel cosmo.

La rappresentazione di Brahman in relazione alla natura da parte di Vyasa invita alla contemplazione dell'interconnessione di tutta l'esistenza e sottolinea la sacralità del mondo naturale. Incoraggia l'introspezione negli strati più profondi della realtà e invita gli individui a riconoscere l'essenza divina che pervade ogni sfaccettatura dell'esistenza. Inoltre, questa prospettiva filosofica promuove una profonda riverenza per l'ambiente e ispira un approccio olistico al vivere in armonia con la natura.

Capitolo X
AUTOCONTROLLO

La psicologia dei desideri e delle emozioni:

Nel contesto dell'autocontrollo e della padronanza di desideri ed emozioni, è fondamentale approfondire la psicologia dietro questi aspetti fondamentali della natura umana. Desideri ed emozioni formano il tessuto del nostro mondo interiore, guidando i nostri pensieri, decisioni e azioni.

I desideri, come descritto nella Gita, nascono dai sensi e dalla mente. Spesso conducono gli individui a una ricerca incessante di appagamento materiale, causando attaccamento e coinvolgimento nel mondo esterno. Le emozioni, d'altro canto, sono le espressioni del nostro paesaggio interiore, che spazia dalla gioia e compassione alla rabbia e dolore. Sia i desideri che le emozioni possono annebbiare la mente, portando a reazioni impulsive e scelte sbagliate.

Psicologicamente, desideri ed emozioni sono intrecciati con i processi cognitivi, influenzando profondamente le nostre percezioni e risposte. Comprendere l'interazione tra desideri, emozioni e cognizione è fondamentale per sfruttare l'autocontrollo. Riconoscendo i fattori scatenanti e gli schemi che sono alla base dei nostri desideri ed emozioni, gli individui possono sviluppare una maggiore consapevolezza dei loro stati interiori, aprendo la strada a un'azione informata e composta.

Inoltre, la Gita delinea l'impatto dei desideri e delle emozioni sull'intelletto, evidenziandone il potenziale di interrompere la chiarezza e il discernimento. Desideri incontrollati ed emozioni turbolente possono oscurare la comprensione, compromettendo il giudizio e ostacolando il perseguimento di obiettivi più elevati. Questa interazione tra desideri, emozioni e intelletto sottolinea l'importanza di coltivare l'autocontrollo come mezzo per trascendere queste complessità psicologiche. Inoltre, la Gita espone il ruolo dei desideri e delle emozioni nel ciclo del karma, sottolineando la loro connessione alle azioni e alle loro conseguenze successive.

Ruolo della meditazione nell'autoregolamentazione:

La meditazione funge da porta d'accesso all'autoregolamentazione, fornendo agli individui gli strumenti necessari per coltivare consapevolezza, resilienza emotiva e padronanza della mente. La pratica della meditazione, come spiegato nella Bhagavad Gita, consente agli individui di osservare i propri pensieri ed emozioni senza attaccamento o avversione, favorendo così la capacità di rispondere piuttosto che reagire a stimoli interni ed esterni. Attraverso l'attenzione focalizzata e l'introspezione offerte dalla meditazione, i praticanti acquisiscono intuizioni sulla natura dei propri desideri ed emozioni, portando a una maggiore capacità di autocontrollo.

La saggezza della Gita sottolinea il valore di pratiche meditative come dhyana (contemplazione) e pranayama (controllo del respiro) nell'affinare la propria capacità di trascendere l'influenza di desideri fugaci ed emozioni impulsive. Coltivando uno stato mentale sereno attraverso la meditazione regolare, gli individui possono gradualmente riprogrammare i percorsi neurali associati all'impulsività e alla reattività, favorendo un senso di equilibrio interiore e stabilità emotiva. Questo processo di trasformazione consente ai praticanti di moderare le proprie risposte a vari fattori scatenanti situazionali, allineando le proprie azioni con i propri valori e principi più elevati.

Inoltre, il ruolo della meditazione nell'autoregolamentazione si estende oltre il regno del benessere individuale per comprendere il concetto più ampio di dharma, o dovere giusto. Come esposto nella Gita, la coltivazione dell'autocontrollo attraverso la meditazione consente agli individui di discernere il loro svadharma (dovere personale) e di aderirvi con fermezza, indipendentemente dalle circostanze esterne. Abbracciando la meditazione come mezzo di autoregolamentazione, gli individui sono meglio equipaggiati per affrontare i dilemmi etici e sostenere le proprie responsabilità morali con incrollabile determinazione e chiarezza. Questa integrazione di autoregolamentazione e dharma non solo favorisce la crescita personale, ma contribuisce anche al funzionamento armonioso della società in generale.

Autocontrollo e la sua influenza sul Dharma:

L'autocontrollo, un aspetto fondamentale del carattere umano, svolge un ruolo cruciale nel sostenere il dharma, il dovere giusto o l'ordine morale, nel contesto della Bhagavad Gita. Il concetto di autocontrollo, noto come "Dama" in sanscrito, comprende la capacità di regolare i propri pensieri, desideri e azioni in linea con i principi virtuosi e la condotta etica. Nella Gita, il Signore Krishna impartisce saggezza su come l'autocontrollo influenzi l'aderenza al dharma e il suo significato nel condurre una vita con uno scopo.

L'autocontrollo è intrecciato con il dharma, poiché offre agli individui la forza di resistere alle tentazioni che potrebbero allontanarli dai loro legittimi doveri e responsabilità. Attraverso l'autodisciplina, gli individui possono coltivare la forza interiore necessaria per affrontare complessi dilemmi morali e prendere decisioni che sostengano la rettitudine. La Gita sottolinea che la pratica dell'autocontrollo consente agli individui di agire in armonia con il dharma, promuovendo una società armoniosa e giusta.

Inoltre, l'autocontrollo funge da catalizzatore per il servizio disinteressato e la condotta etica, due pilastri del dharma spiegati nella Gita. Esercitando la moderazione sugli istinti di base e sui desideri materiali, gli individui possono sfruttare il loro potenziale interiore per servire il bene superiore senza cercare un guadagno personale. Questa correlazione tra autocontrollo e dharma sottolinea il potere trasformativo di padroneggiare i propri impulsi al servizio degli altri, alimentando così un ambiente di compassione e benessere collettivo.

Nella ricerca del dharma, l'autocontrollo contribuisce allo sviluppo di integrità, onore e responsabilità. Consente agli individui di adempiere ai propri obblighi con impegno incrollabile, indipendentemente dalle influenze esterne o dalle avversità. Praticare l'autocontrollo è in linea con gli insegnamenti della Gita sull'azione retta (karma), instillando un senso di padronanza di sé che consente agli individui di dare priorità al dovere rispetto ai desideri personali, sostenendo così il tessuto morale della società.

La correlazione tra autocontrollo e dharma si estende oltre la condotta individuale per comprendere leadership e governance. I leader efficaci esemplificano l'autocontrollo e agiscono come custodi del dharma, guidando con l'esempio e ispirando gli altri a incarnare qualità virtuose. La loro incarnazione dell'autocontrollo promuove fiducia, stabilità e governance equa, promuovendo coesione sociale e progresso etico all'interno della comunità.

Capitolo XI
LA SOFFERENZA

Introduzione a Duhkha:

Duhkha, un concetto fondamentale nella Bhagavad Gita, racchiude la comprensione della sofferenza e del malcontento umani. La Gita si addentra nella natura dell'esistenza e riconosce che insito nella condizione umana è un senso di disagio e insoddisfazione. Questo riconoscimento funge da luce guida per gli individui che cercano di comprendere e trascendere le sfide della vita. Attraverso una lente filosofica, la Gita ci invita a contemplare la verità universale che nessuna esistenza mortale è esente da duhkha, indipendentemente dalle circostanze esterne. Riconoscendo duhkha come un aspetto intrinseco dell'esperienza umana, la Gita prepara il terreno per un viaggio trasformativo verso l'autorealizzazione e la pace interiore. Mentre avanziamo attraverso gli strati di duhkha, la Gita offre un'opportunità di introspezione e crescita spirituale, offrendo intuizioni sulla condizione umana. Nel comprendere l'essenza di duhkha, gli individui sono autorizzati a coltivare maggiore compassione ed empatia per se stessi e per gli altri, promuovendo una connessione più profonda con il tessuto universale dell'esistenza.

La mente come fonte di sofferenza:

Nella Gita, il concetto di mente non è semplicemente l'organo fisico all'interno dei nostri crani, ma comprende la totalità dei nostri pensieri, emozioni e coscienza. È la sede dei nostri desideri, paure e attaccamenti, guida le nostre azioni e plasma la nostra percezione del mondo. Tuttavia, è anche il catalizzatore di gran parte della nostra angoscia e sofferenza. La mente fluttua costantemente, appesantita dal passato e ansiosa per il futuro, portando a un ciclo infinito di tumulto emotivo e angoscia mentale. Se lasciata incontrollata, la mente può diventare una formidabile fonte di sofferenza, perpetuando sentimenti di malcontento, insicurezza e disagio. La Gita insegna che padroneggiare la mente è essenziale per trascendere la sofferenza. Ottenendo il controllo sul chiacchiericcio incessante e sulla natura tumultuosa della mente, gli individui possono trovare pace interiore e liberazione dalle afflizioni dell'esistenza. Inoltre, la Gita sottolinea che la mente, se non disciplinata, può sviare gli individui, annebbiando il loro giudizio e ostacolando la loro crescita spirituale. È attraverso lo sviluppo della forza mentale e della resilienza che si può iniziare ad alleviare la sofferenza intrinseca causata dalle fluttuazioni della mente. Gli insegnamenti della Gita ci incoraggiano ad approfondire l'auto-riflessione e l'introspezione, per comprendere il funzionamento della mente e il suo impatto sulla sofferenza personale. Coltivando consapevolezza e consapevolezza, possiamo gradualmente districarci dalla rete di afflizioni mentali, favorendo uno stato di equanimità e serenità in mezzo alle incessanti sfide della vita.

Il ruolo del desiderio:

Il desiderio è profondamente intrecciato con l'esperienza umana, e gioca un ruolo significativo nella manifestazione della sofferenza. È attraverso il desiderio che si forma l'attaccamento, che porta a una serie di afflizioni emotive e mentali. I desideri sono i semi da cui emergono le aspettative e quando queste aspettative non vengono soddisfatte, ne consegue la sofferenza. La Gita chiarisce che gli attaccamenti nati dai desideri perpetuano un ciclo di desiderio, malcontento e angoscia. Che si tratti di attaccamento ai beni materiali, alle relazioni o persino al proprio ego, questi attaccamenti sono spesso la causa principale di molta sofferenza umana. Creano un desiderio costante di qualcosa di esterno che porti appagamento, intrappolando così gli individui in una ricerca incessante di appagamento.

Il testo sottolinea che la natura del desiderio è insaziabile, dando origine a una continua ricerca di gratificazione che alla fine si traduce in dolore e tristezza. Inoltre, la Gita ci illumina sulla natura transitoria degli oggetti e delle esperienze materiali, affermando che aggrapparsi a entità impermanenti porta inevitabilmente a delusione e angoscia. L'interazione tra desiderio, attaccamento e sofferenza è presentata come un dilemma psicologico e spirituale, offrendo preziose intuizioni sulle cause sottostanti della tribolazione umana. Riconoscendo gli effetti dannosi dei desideri incontrollati, la scrittura sostiene la coltivazione del distacco come antidoto trasformativo all'afflizione della sofferenza.

Attraverso il distacco, si impara a disimpegnarsi gradualmente dall'incessante attrazione dei desideri e dagli attaccamenti che ne conseguono, favorendo uno stato di equilibrio interiore. La Gita postula che il distacco genera libertà dalla fluttuazione di gioia e dolore, consentendo agli individui di affrontare le esperienze della vita senza essere intrappolati dalle catene dell'attaccamento. Liberandosi dalla presa dei desideri, si può raggiungere un senso di liberazione dal tumulto provocato da aspettative non soddisfatte e piaceri fugaci. La vera contentezza nasce dal distacco, che consente agli individui di trascendere il ciclo di desideri infiniti e la conseguente sofferenza che comportano.

Superare la sofferenza attraverso il distacco:

Il distacco, come spiegato nella Gita, implica la capacità di mantenere uno stato mentale equilibrato e sereno, indipendentemente dall'inevitabile flusso e riflusso delle gioie e dei dolori della vita. Distaccandosi dai risultati delle azioni e abbandonando la presa dell'eccessivo attaccamento ai beni materiali o alle relazioni, si possono trascendere le fluttuazioni del piacere e del dolore. Questo distacco non denota apatia o indifferenza, ma piuttosto indica un atteggiamento di non attaccamento, che consente una percezione più chiara e una risposta compassionevole alle sfide della vita.

La Gita sottolinea il concetto di "Nishkama Karma", azione disinteressata eseguita senza attaccamento ai frutti del lavoro. Quando gli individui si impegnano nei loro doveri con uno spirito di distacco, sono liberati dalle agitazioni causate dal successo o dal fallimento, dalla lode o dalla critica. Questa libertà interiore dalle fluttuazioni del mondo esterno conduce a un equilibrio armonioso, consentendo loro di affrontare circostanze difficili con equanimità e resilienza.

Inoltre, coltivare il distacco consente agli individui di abbracciare il cambiamento e l'incertezza senza soccombere all'angoscia. Favorisce la comprensione che tutto nel regno materiale è impermanente e che aggrapparsi ad aspetti transitori dell'esistenza porta inevitabilmente a frustrazione e angoscia. Attraverso il distacco, gli individui riconoscono che la vera felicità e appagamento derivano da una connessione incrollabile con l'essenza eterna e immutabile dentro di sé, piuttosto che da stimoli esterni fugaci.

La pratica del distacco svolge anche un ruolo fondamentale nell'attenuare i conflitti interpersonali e la turbolenza emotiva. Rinunciando alla possessività e ai desideri guidati dall'ego, gli individui coltivano un ambiente di rispetto reciproco e comprensione all'interno delle loro relazioni. Diventano abili nel riconoscere l'autonomia e il percorso individuale degli altri, alleviando il potenziale di delusione e risentimento quando le aspettative non vengono soddisfatte.

Il percorso dell'autoconoscenza e l'alleviamento di Duhkha:

La conoscenza di sé, o Atma Jnana, e al centro degli insegnamenti della Gita sulla mitigazione della sofferenza. Scavando nelle profondità del proprio essere, gli individui acquisiscono una comprensione della natura transitoria del mondo materiale e dell'essenza eterna del Sé. Questa realizzazione promuove un senso di distacco dalle circostanze esterne e facilita una maggiore resilienza di fronte alle avversità.

D'altra parte, la Gita sottolinea l'importanza di allineare le proprie azioni con uno scopo più elevato come mezzo per trascendere la sofferenza. La ricerca del servizio disinteressato e della condotta retta, come sostenuto nella Gita, contribuisce allo sviluppo di una psiche armoniosa ed equilibrata, riducendo così l'impatto di Duhkha sulla vita di un individuo.

L'alleviamento della sofferenza attraverso l'autoconoscenza implica anche una profonda comprensione dell'interconnessione di tutti gli esseri. La Gita chiarisce il concetto di unità, insegnando che ogni entità vivente è parte di un tutto unificato. Riconoscendo questa fondamentale interconnessione, gli individui coltivano empatia, compassione e una prospettiva più ampia, mitigando così la propria sofferenza e contribuendo al benessere degli altri.

La Gita postula la pratica della consapevolezza e della quiete mentale come componenti essenziali della conoscenza di sé. Coltivando uno stato mentale meditativo, gli individui sviluppano la capacità di osservare i propri pensieri ed emozioni senza attaccamento, acquisendo così padronanza sulle fluttuazioni della mente e riducendo l'impatto degli stati mentali negativi.

Ruolo dell'azione:

La sofferenza è un aspetto intrinseco dell'esistenza umana. Si manifesta in varie forme, che vanno dai disturbi fisici al disagio emotivo e al tumulto spirituale. Mentre la sofferenza può sembrare un ostacolo insormontabile, la Gita fornisce spunti sul potere trasformativo dell'azione nell'esperienza e, in ultima analisi, nel trascendere queste tribolazioni. L'azione, o karma, è evidenziata come un potente strumento non solo per affrontare la sofferenza, ma anche per sfruttarne il potenziale per la crescita personale e spirituale.

La Gita sottolinea che le nostre risposte alle avversità svolgono un ruolo fondamentale nel plasmare il nostro destino. Invece di soccombere alla disperazione, il testo incoraggia gli individui a impegnarsi in azioni giuste, imbevute di altruismo e compassione. Afferma che svolgere i propri doveri diligentemente, senza attaccamento ai frutti del lavoro, può portare all'attenuazione della sofferenza e alla coltivazione della forza interiore.

Inoltre, il concetto di karma yoga, esposto nella Gita, sottolinea l'importanza del servizio disinteressato come mezzo per alleviare la sofferenza. Impegnandosi in azioni che avvantaggiano gli altri e contribuiscono al bene comune, gli individui possono trascendere le loro afflizioni personali e trovare conforto nell'altruismo. Questa interconnessione con il benessere della comunità promuove un senso di scopo e semina i semi della resilienza di fronte alle avversità.

D'altro canto, la Gita esalta le virtù della perseveranza e della fermezza nella ricerca della rettitudine. Propugna che intraprendere un'azione decisa in linea con il proprio dharma, o dovere, anche in mezzo alla sofferenza, ha il potenziale per elevare la coscienza e promuovere l'evoluzione spirituale. Aderendo ardentemente ai principi morali e alla condotta etica, gli individui possono trasformare la loro sofferenza in un catalizzatore per la crescita personale e l'autorealizzazione.

Il potere trasformativo dell'azione nel contesto della sofferenza si estende oltre il regno delle azioni esterne; comprende il panorama interno di pensieri e atteggiamenti. La Gita enfatizza la pratica dell'equanimità e della resilienza di fronte alle sfide, sostenendo un approccio proattivo verso la trasformazione delle avversità in opportunità di introspezione e affinamento del carattere.

Sofferenza ed evoluzione spirituale:

La Gita ci insegna che la sofferenza è una parte inevitabile della vita e offre spunti su come possiamo utilizzare le nostre esperienze di sofferenza come catalizzatori per l'evoluzione e la crescita spirituale. Una lezione cruciale è il concetto di resilienza di fronte alle avversità. La Gita ci ricorda che le sfide e le tribolazioni sono opportunità per la forza spirituale e lo sviluppo del carattere. Affrontando la sofferenza con forza interiore e coraggio, gli individui possono elevarsi spiritualmente, ottenendo una comprensione più profonda della natura dell'esistenza e del proprio essere interiore. D'altra parte, la Gita sottolinea l'importanza della compassione e dell'empatia nell'esperienza attraverso la sofferenza di noi stessi e degli altri. Insegna che empatizzando con le lotte dei propri simili, gli individui possono scoprire un profondo senso di interconnessione e coltivare uno spirito di servizio e benevolenza. Inoltre, la Gita sostiene l'auto-riflessione e l'introspezione come mezzo per comprendere la natura essenziale della sofferenza. Incoraggia gli individui ad approfondire le profondità della propria coscienza, cercando di comprendere le cause profonde della propria sofferenza e di quella degli altri. Gli insegnamenti della Gita sottolineano anche il potere trasformativo della sofferenza con pazienza e dignità. Mantenendo l'equanimità di fronte alla sofferenza, gli individui possono sfruttare il suo potenziale trasformativo, subendo una metamorfosi che conduce all'evoluzione spirituale. Inoltre, la Gita chiarisce che il viaggio verso la liberazione dalla sofferenza implica discernimento e ricerca spirituale.

Capitolo XII
L'IMPORTANZA DEL SERVIZIO

Radici filosofiche del Karma Yoga:

Il Karma Yoga, come esposto nella Bhagavad Gita, trae le sue radici filosofiche da un ricco arazzo di testi e scritture antiche che costituiscono il fondamento della filosofia indiana. Il concetto di azione disinteressata trova risonanza nelle Upanishad, in particolare negli insegnamenti delle Katha e Mundaka Upanishad, dove l'idea di compiere azioni senza attaccamento ai frutti di tali azioni è chiarita come un percorso verso la realizzazione spirituale. L'enfasi delle Upanishad sul distaccarsi dai risultati delle proprie azioni si collega alla chiamata della Bhagavad Gita al servizio disinteressato come mezzo per raggiungere l'evoluzione spirituale. La saggezza racchiusa in testi come i Veda, i Brahma Sutra e i vari Darshanas, funge da fondamento filosofico per la pratica del karma yoga. Esaminando questi testi attraverso la lente del karma yoga si rivela un'interconnessione tra l'anima individuale (Atman) e la coscienza universale (Brahman), gettando le basi per un approccio etico e morale all'azione. Inoltre, il concetto di "Nishkama Karma" o azione senza desideri, che trova menzione nel Mahabharata e in vari Purana, rafforza i principi fondamentali del karma yoga. Questi antichi testi non solo forniscono rigore intellettuale, ma infondono anche nell'aspirante una comprensione più profonda del dovere innato (dharma) che sostiene tutte le azioni.

Azioni disinteressate - L'essenza del distacco:

Il concetto di distacco non implica una mancanza di cura o preoccupazione per gli altri; piuttosto, significa uno stato interiore di equilibrio, in cui le azioni vengono eseguite senza attaccamento ai risultati. Questo principio chiarisce la comprensione che il vero servizio nasce da un luogo di pura intenzione, incontaminato da desideri o aspettative personali. Rinunciando all'attaccamento egocentrico al frutto delle proprie azioni, gli individui abbracciano un approccio altruistico alla vita, promuovendo un più profondo senso di compassione ed empatia verso tutti gli esseri. Incarnare l'essenza del distacco in azioni disinteressate significa agire come un semplice strumento nel gioco cosmico, riconoscendo che il proprio ruolo è quello di servire ed elevare l'umanità senza cercare convalida o riconoscimento. La Bhagavad Gita sottolinea l'importanza di eseguire le proprie responsabilità senza essere influenzati dagli intrecci mondani. Per i praticanti del Karma Yoga, questo principio funge da luce guida, illuminando il percorso verso l'autotrascendenza e la crescita spirituale. Tali individui si impegnano nei loro doveri con incrollabile devozione e impegno, ma rimangono distaccati dai frutti del loro lavoro, esistendo in uno stato di sereno non attaccamento. Questo concetto sfida la narrazione convenzionale di successo e realizzazione, spingendoci a incarnare uno spirito resiliente che rimane imperturbabile dalle circostanze esterne. Attraverso azioni altruistiche imbevute dell'essenza del distacco, si coltiva intrinsecamente un cuore pieno di benevolenza, umiltà e amore incondizionato, una testimonianza del potere trasformativo del Karma Yoga nell'attualizzazione della divinità in ogni essere senziente.

Azione e inazione:

Il concetto di azione (Karma) enfatizza l'esecuzione dei propri doveri e responsabilità senza attaccamento ai risultati o agli esiti. Sostiene l'esecuzione di azioni giuste con un'attenzione incrollabile al momento presente, libera da desideri personali e motivazioni egoistiche. D'altro canto, l'inazione (akarma) non significa semplicemente passività o astensione dalle attività. Invece, denota uno stato di distacco dalle conseguenze delle proprie azioni, in cui l'individuo rimane indifferente al successo o al fallimento, al piacere o al dolore. Questa distinzione trascende il regno dei meri movimenti fisici e si addentra nel regno della coscienza e dell'intenzione. La Bhagavad Gita esorta gli individui a discernere la vera natura dell'azione e dell'inazione, sottolineando che la rinuncia genuina non è caratterizzata dal ritiro fisico dal mondo ma dalla libertà interiore dall'attaccamento. Incoraggia i praticanti a soddisfare i loro ruoli obbligatori mantenendo uno stato di distacco dai frutti del loro lavoro. Questo approccio olistico al karma yoga rafforza il significato del servizio disinteressato e illumina l'armonia sottostante tra azione e inazione. La narrazione sfida la dicotomia convenzionale tra fare e non fare, sostenendo una prospettiva equilibrata e illuminata che trascende i limiti della percezione umana ordinaria.

Il ruolo dell'intenzione nelle pratiche del Karma Yoga:

Nella pratica del Karma Yoga, il ruolo dell'intenzione funge da forza guida dietro tutte le azioni. La Bhagavad Gita sottolinea che le intenzioni di una persona determinano la vera natura e le conseguenze delle proprie azioni. Secondo questo antico testo, compiere atti disinteressati con intenzioni pure e altruistiche è fondamentale per la crescita spirituale e la liberazione. L'intenzione plasma la qualità delle nostre azioni e influenza l'impatto che hanno su noi stessi e sugli altri. È la forza trainante che allinea le nostre azioni con i principi di rettitudine e compassione.

Sebbene le azioni in sé siano essenziali, la Gita sottolinea che i motivi e le intenzioni sottostanti dietro tali azioni sono ugualmente importanti. Quando le nostre intenzioni sono radicate nell'altruismo e in un desiderio genuino di servire senza aspettarsi un guadagno o un riconoscimento personale, le nostre azioni diventano offerte al bene superiore, trascendendo i limiti dell'ego e dei desideri individuali. Questo cambiamento di prospettiva trasforma i compiti banali in opportunità significative per il progresso spirituale e la realizzazione interiore.

Inoltre, il testo incoraggia gli individui a coltivare l'abitudine di esaminare e purificare costantemente le proprie intenzioni. L'auto-riflessione e l'introspezione sono aspetti fondamentali del Karma Yoga, che consentono ai praticanti di valutare la purezza delle proprie motivazioni e di apportare le modifiche necessarie per riallineare le proprie azioni con intenti disinteressati. Promuovendo la consapevolezza delle proprie intenzioni, gli individui possono garantire che le proprie azioni non siano contaminate da desideri egoistici o secondi fini, sostenendo così l'essenza del Karma Yoga.

La Bhagavad Gita sottolinea che la purezza dell'intenzione determina in ultima analisi le ripercussioni karmiche di un'azione. Gli atti compiuti con intenzioni egoistiche o egoistiche creano legami di attaccamento e perpetuano il ciclo dei desideri mondani, mentre gli atti altruistici compiuti con spirito di dedizione contribuiscono alla liberazione dell'anima dai confini dell'esistenza materiale. Pertanto, la Gita insegna che l'intenzione è il filo invisibile che si intreccia attraverso ogni azione, plasmando il tessuto morale e spirituale della vita di un individuo.

Benefici trasformativi dell'altruismo e del servizio:

Il concetto di azione disinteressata e di servizio agli altri senza attaccamento ai frutti delle proprie azioni porta a benefici trasformativi che vanno oltre il benessere individuale. Praticare l'altruismo e il servizio coltiva un profondo senso di compassione ed empatia per gli altri, favorendo un maggiore senso di interconnessione e unità con il mondo. Questo cambiamento di prospettiva consente agli individui di trascendere le loro preoccupazioni egocentriche e sviluppare una comprensione più ampia dell'esperienza umana.

Inoltre, impegnarsi in atti di servizio e altruismo fornisce un senso di appagamento e scopo. Dedicandosi al benessere degli altri, si sperimenta una soddisfazione interiore che nasce dal contribuire al bene comune. Questa appagamento è radicato nel riconoscimento dell'impatto e del cambiamento positivo che si può apportare nella vita degli altri, rafforzando così un senso di significato e valore nella propria vita.

Inoltre, i benefici trasformativi dell'altruismo e del servizio si estendono al regno della crescita e dello sviluppo personale. Impegnarsi in azioni altruistiche sfida gli individui ad ampliare la loro capacità di empatia, gentilezza e comprensione, favorendo così qualità del carattere come pazienza, generosità e resilienza. Queste virtù non solo contribuiscono alla crescita individuale, ma migliorano anche il tessuto della società promuovendo relazioni armoniose e benessere della comunità.

D'altra parte, la pratica dell'altruismo e del servizio funge da potente antidoto ai sentimenti di isolamento e disconnessione che spesso affliggono le società moderne. Tendendo una mano a chi è nel bisogno, gli individui creano connessioni significative con gli altri e coltivano un senso di appartenenza e solidarietà all'interno delle loro comunità. Ciò promuove uno spirito di cooperazione e supporto reciproco, contribuendo in ultima analisi alla creazione di un tessuto sociale inclusivo e compassionevole.

I benefici trasformativi dell'altruismo e del servizio sono amplificati dai loro effetti a catena sulla società in generale. Gli atti di altruismo ispirano e motivano gli altri a impegnarsi in azioni simili, creando un effetto a cascata di cambiamento positivo che si riverbera attraverso comunità e generazioni.

Capitolo XIII
LA NATURA DELLA LIBERAZIONE

Introduzione a Moksha nel contesto della Gita:

Nel contesto della Bhagavad Gita, moksha, spesso tradotto come liberazione o libertà, occupa una posizione fondamentale come obiettivo ultimo della vita umana. Il concetto di moksha è profondamente radicato nell'ethos filosofico e spirituale dell'antica India e la sua interpretazione nella Gita svolge un ruolo fondamentale nel guidare gli individui verso la cessazione della sofferenza e il raggiungimento della realizzazione trascendentale. Moksha, nella Gita, rappresenta il culmine del viaggio dell'anima, segnando la liberazione dal ciclo di nascita e morte e l'unione con il divino. Non è semplicemente una fuga dall'esistenza mondana, ma uno stato di coscienza e illuminazione che trascende i limiti del regno materiale. Comprendere moksha nel contesto della Gita richiede un'esplorazione delle sue dimensioni multiformi, che comprendono considerazioni etiche, metafisiche ed esistenziali. Inoltre, moksha è collegato ai temi più ampi di dharma (dovere), karma (azione) e bhakti (devozione) spiegati nelle scritture, sottolineando così il suo significato olistico nel paradigma spirituale delineato nella Gita.

Il ruolo del distacco nel raggiungimento della libertà:

Il distacco si riferisce alla capacità di rimanere indifferenti ai frutti delle proprie azioni, praticando così il non attaccamento ai risultati materiali di tali azioni. Questo principio è profondamente intrecciato con l'idea del Karma Yoga, che enfatizza l'azione disinteressata senza attaccamento ai risultati. La Gita insegna che la vera libertà e la liberazione spirituale possono essere raggiunte quando un individuo svolge i propri doveri senza rimanere invischiato nei desideri di guadagno o riconoscimento personale.

Il distacco non implica apatia o disimpegno dalle responsabilità mondane. Piuttosto, significa uno stato di equilibrio interiore, in cui non si è influenzati dalle fluttuazioni del successo e del fallimento, del piacere e del dolore. Favorisce la resilienza nell'affrontare le sfide della vita con uno spirito incrollabile. Questo distacco dalla natura transitoria del mondo materiale consente agli individui di connettersi con la loro coscienza superiore e riconoscere l'impermanenza della realtà esterna.

La Bhagavad Gita illustra il significato del distacco attraverso la metafora di una foglia di loto non toccata dall'acqua. Proprio come il loto galleggia sull'acqua senza esserne contaminato, un individuo che pratica il distacco rimane incontaminato dalle influenze dell'ambiente esterno. Questa analogia incarna l'essenza del distacco, raffigurando un individuo che si impegna con il mondo pur mantenendo un senso di distacco interiore.

Inoltre, il distacco promuove un atteggiamento di altruismo e altruismo, allineandosi ai principi del Karma Yoga. Rinunciando all'attaccamento al risultato delle proprie azioni, gli individui possono agire per il bene superiore senza essere guidati dall'ambizione o dal desiderio personale. Questo approccio disinteressato al dovere coltiva un senso di unità e interconnessione, che porta all'armonia dell'individuo all'interno del più ampio ordine cosmico.

Il distacco facilita anche l'introspezione e l'autoconsapevolezza, rendendo gli individui meno suscettibili agli impulsi guidati dall'ego. La Gita sottolinea che il distacco consente agli individui di trascendere il sé inferiore e realizzare la loro divinità innata. Attraverso il distacco, si può ottenere chiarezza di scopo e una comprensione più profonda dell'interconnessione di tutti gli esseri, progredendo così verso il percorso dell'emancipazione spirituale.

Interazione tra Karma e Moksha:

Secondo la Gita, ogni azione, sia essa fisica, mentale o emotiva, genera una corrispondente reazione karmica. Questa natura ciclica del karma costituisce la base per comprendere l'esperienza umana e lo svolgersi del destino individuale. Mentre le anime affrontano il loro viaggio attraverso la vita, la legge del karma funge da filo invisibile che tesse insieme esperienze passate, presenti e future. Essa stabilisce che ogni azione, intenzione e pensiero porta con sé implicazioni che riverberano per tutta l'esistenza.

Nel contesto di Moksha, la Gita insegna che gli individui devono sforzarsi di compiere azioni disinteressate, trascendendo così gli effetti vincolanti dei desideri e degli attaccamenti guidati dall'ego. Sottolinea l'importanza di compiere i propri doveri senza essere attaccati ai risultati, allineando così le azioni ai principi di rettitudine e ordine cosmico. Inoltre, il testo enfatizza la coltivazione di una mentalità equilibrata, promuovendo l'equanimità di fronte al successo e al fallimento, al piacere e al dolore. Questa coltivazione di azioni distaccate e disinteressate è fondamentale per la purificazione dell'anima, conducendo più vicini all'obiettivo finale di Moksha.

La Bhagavad Gita chiarisce il concetto di "nishkama karma", l'esecuzione di azioni senza attaccamento ai loro frutti, come un percorso trasformativo verso l'emancipazione spirituale. Un'anima impegnata nel nishkama karma agisce per pura devozione, arrendendo i frutti del proprio lavoro al divino, liberandosi così dal ciclo di intrecci karmici. Per comprendere l'interazione tra Karma e Moksha è necessario riconoscere l'interconnessione di tutti gli esseri e l'ordine cosmico.

Sperimentando l'arazzo del Karma con consapevolezza e discernimento, gli individui aprono la strada alla realizzazione di Moksha, trascendendo i cicli di nascita e morte per unirsi alla verità eterna.

Realizzazione spirituale - Il cammino oltre il materialismo:

Nella ricerca della realizzazione spirituale, la Bhagavad Gita ci guida a trascendere i confini delle attività materiali e ad abbracciare un percorso che conduce a una comprensione più profonda dell'esistenza. Ci invita a contemplare la natura transitoria dei beni materiali e delle esperienze sensoriali e a cercare uno stato dell'essere che non dipenda da fattori esterni per la realizzazione. Questo viaggio verso la realizzazione spirituale richiede un cambiamento di prospettiva, spingendo gli individui a guardare oltre il tangibile ed esplorare il regno della coscienza interiore e della verità trascendentale.

La Gita sottolinea i limiti della ricchezza e dei piaceri materiali, incoraggiando gli individui a riconoscere l'impermanenza e la natura illusoria delle attività mondane. Attraverso l'introspezione e la contemplazione, i ricercatori sono guidati a staccarsi dalla ricerca incessante dell'accumulo materiale e a concentrarsi invece sul nutrimento delle qualità della pace interiore, della compassione e dell'autorealizzazione. Questo passaggio dalla convalida esterna alla trasformazione interna apre la strada alla crescita spirituale e alla liberazione dalla trappola del materialismo.

D'altro canto, il percorso oltre il materialismo, come spiegato nella Bhagavad Gita, comprende un approccio olistico alla vita, in cui gli individui si sforzano di coltivare armonia ed equilibrio dentro di sé e nel loro ambiente. Ciò implica il riconoscimento dell'interconnessione di tutti gli esseri e la promozione di un senso di unità e compassione che trascende le considerazioni materiali. Rifiutando le illusioni dei desideri materialistici e abbracciando una comprensione del sé e della sua connessione con l'universo, gli individui intraprendono un viaggio trasformativo verso la realizzazione spirituale.

Questo percorso richiede anche lo sviluppo di virtù come umiltà, gratitudine e contentezza, che servono come pilastri di forza nel viaggio oltre il materialismo. Attraverso l'autodisciplina e la consapevolezza, i praticanti degli insegnamenti della Gita si allineano con uno scopo più elevato che si estende oltre le attrazioni effimere del mondo materiale. Coltivando un atteggiamento di distacco ed equanimità, gli individui si liberano gradualmente dalle catene dei desideri materiali e si muovono verso uno stato di abbondanza spirituale e illuminazione.

La trascendenza della mente e dell'ego:

Il concetto di trascendere la mente e l'ego implica andare oltre i limiti della mente individuale e staccarsi dalle tendenze egoistiche che legano all'esistenza materiale. La Gita insegna che superando le fluttuazioni della mente e sottomettendo l'ego, si può raggiungere uno stato di pace interiore e libertà. Sottolinea la necessità di coltivare una consapevolezza superiore che trascenda le dualità e le illusioni create dalla mente.

La trascendenza della mente e dell'ego è legata alla pratica della meditazione e della consapevolezza. Attraverso una pratica disciplinata, gli individui possono imparare a osservare i propri pensieri ed emozioni senza rimanerne intrappolati, ottenendo così una comprensione più profonda del sé. Questo processo implica il riconoscimento della natura transitoria delle attività della mente e lo sviluppo della capacità di rimanere radicati in uno stato di equanimità indipendente dalle circostanze esterne.

Inoltre, la Bhagavad Gita chiarisce il ruolo dell'altruismo nel trascendere l'ego. Impegnandosi in un servizio disinteressato e in azioni altruistiche, gli individui possono diminuire l'influenza dell'ego, che prospera su desideri e attaccamenti egocentrici. Il testo sottolinea l'importanza di coltivare uno spirito di umiltà ed empatia, che favorisce la dissoluzione dell'ossessione per se stessi e promuove un senso di interconnessione con tutti gli esseri.

D'altra parte, la Gita espone l'idea di arrendersi all'ego alla volontà divina. Riconoscendo l'intelligenza cosmica all'opera, gli individui sono incoraggiati a rinunciare all'illusione del controllo e ad accettare la loro interdipendenza con l'universo. Questa resa non è un atto di rassegnazione, ma piuttosto un'affermazione di fiducia e fede in un ordine universale superiore.

In definitiva, la trascendenza della mente e dell'ego conduce alla realizzazione della propria divinità innata e unità con il Supremo. Questo stato di risveglio spirituale porta chiarezza e intuizione, consentendoci di percepire l'armonia sottostante nella diversità dell'esistenza. Ci libera dai confini dell'identità limitata e concede l'accesso a una coscienza sconfinata che trascende i limiti mortali.

Ruolo della conoscenza - Jnana Yoga e illuminazione:

Nella Bhagavad Gita, il concetto di Jnana Yoga sottolinea il ruolo della conoscenza nella ricerca dell'illuminazione e della liberazione. Questo percorso è incentrato sulla coltivazione della saggezza e del discernimento per ottenere intuizioni sulla vera natura della realtà e del sé. Jnana Yoga incoraggia gli individui a indagare in profondità le questioni fondamentali dell'esistenza, esplorando la natura della coscienza, l'illusione dell'ego e l'interconnessione di tutte le cose. Attraverso una rigorosa auto-indagine e l'esplorazione intellettuale, i praticanti di Jnana Yoga cercano di trascendere i limiti della mente e raggiungere uno stato di pura consapevolezza e comprensione.

Nella ricerca dell'auto-scoperta e della trasformazione interiore, la pratica dello Jnana Yoga fornisce agli individui gli strumenti per svelare gli strati di condizionamento e idee sbagliate che velano la loro vera essenza. Addentrandosi negli insegnamenti filosofici e nella riflessione contemplativa, i ricercatori sul sentiero dello Jnana Yoga si sforzano di superare l'ignoranza e ottenere chiarezza sulla realtà ultima. Questo processo di purificazione interiore e raffinamento intellettuale serve come mezzo per scoprire le verità che conducono alla liberazione.

Al centro dello Jnana Yoga c'è la coltivazione di viveka, o discriminazione, che consente agli individui di distinguere tra il transitorio e l'eterno. I praticanti imparano a discernere il falso dal reale, l'impermanente dall'immutabile e il sé individuale dalla coscienza universale. Affinando questa facoltà discriminante, ci si può gradualmente districare dalla rete di illusioni e realizzare la propria natura spirituale essenziale. Lo Jnana Yoga sottolinea anche l'importanza di vairagya, o distacco, incoraggiando i praticanti a sviluppare un senso di non attaccamento ai beni materiali, alle emozioni fugaci e alle esperienze transitorie. Questo distacco favorisce una focalizzazione interiore, consentendo agli individui di dirigere la propria attenzione verso la ricerca di una conoscenza superiore e di una visione spirituale.

Lo Jnana Yoga enfatizza lo studio delle sacre scritture, dei testi filosofici e la guida di insegnanti illuminati come fonti indispensabili di saggezza. Le scritture forniscono intuizioni sulle verità metafisiche, sulla natura del sé e sui principi che governano l'universo, alimentando una profonda comprensione dell'interconnessione di tutta l'esistenza. La guida di saggi

saggi e guru conferisce agli aspiranti una conoscenza inestimabile e saggezza pratica, illuminando il percorso verso l'illuminazione.

Scoperta di sé e trasformazione interiore:

Il concetto di auto-scoperta implica l'approfondimento della propria coscienza per comprendere la vera natura del sé. Richiede introspezione, autoriflessione e la volontà di confrontarsi con l'ego e i suoi attaccamenti. La trasformazione interiore, d'altro canto, è il processo di evoluzione spirituale, mentale ed emotiva per allinearsi a verità e principi superiori.

Nel contesto della Gita, l'auto-scoperta e la trasformazione interiore sono intrecciate, poiché la ricerca dell'auto-conoscenza conduce inevitabilmente a un'esperienza interiore trasformativa. Il testo sottolinea l'importanza dell'auto-consapevolezza e delle pratiche introspettive come la meditazione, l'auto-indagine e la consapevolezza per facilitare questo processo di auto-scoperta. Inoltre, la trasformazione interiore è descritta come un viaggio continuo, caratterizzato da crescita personale, resilienza emotiva e una crescente capacità di compassione ed empatia.

Gli insegnamenti della Bhagavad Gita evidenziano l'importanza di coltivare virtù come umiltà, pazienza e forza interiore nel favorire la trasformazione interiore. Inoltre, il testo chiarisce che la trasformazione interiore necessita di un cambiamento di coscienza, che porta a una maggiore consapevolezza dell'interconnessione universale e della presenza divina dentro se stessi e negli altri. La Gita sottolinea anche il ruolo della condotta etica e della vita virtuosa come componenti integrali della trasformazione interiore. Allineando le proprie azioni con il dharma e i valori morali, gli individui possono contribuire positivamente alla propria evoluzione spirituale o al benessere della società.

Inoltre, la Bhagavad Gita sottolinea il potere trasformativo della devozione e della resa nel favorire la crescita interiore. La pratica del bhakti yoga, caratterizzata da una devozione incrollabile al divino, è considerata un potente catalizzatore per la trasformazione interiore. Attraverso pratiche devozionali come la preghiera, il canto e i rituali, gli individui possono coltivare un profondo senso di connessione con il divino, che porta a cambiamenti interiori e risveglio spirituale.

Unione Divina - Bhakti come Veicolo per la Liberazione:

Bhakti, il percorso della devozione, comprende una devozione incrollabile e fervente all'Essere Supremo, che trascende i limiti dell'esistenza materiale e conduce il praticante verso l'unione ultima con il divino. Centrale alla pratica del bhakti è la coltivazione dell'amore e dell'adorazione per il divino. Questa connessione profonda ed emotiva con Dio funge da forza trasformativa, guidando gli individui verso l'altruismo, la compassione e l'umiltà. Attraverso la pratica del bhakti, si sperimenta una continua contemplazione e rimembranza del divino, favorendo una relazione intima che alla fine dissolve i confini tra l'adoratore e l'adorato. La Bhagavad Gita chiarisce varie forme di bhakti, sottolineando che l'obiettivo finale è raggiungere l'amore puro e incondizionato per il divino senza aspettative o desideri di guadagno personale. Che sia attraverso la preghiera, i canti devozionali, i rituali o gli atti di servizio, l'essenza del bhakti risiede nell'arrendersi con tutto il cuore alla volontà divina, riconoscendo l'onnipresenza e l'onnipotenza dell'Essere Supremo. Inoltre, il testo sottolinea l'universalità del bhakti, affermando che gli individui di ogni estrazione sociale possono abbracciare questo percorso. Indipendentemente dallo stato sociale, dal genere o dall'occupazione, la pratica del bhakti offre un approccio universale e inclusivo alla crescita spirituale, sottolineando la nozione che la vera devozione trascende le differenze esterne e unifica tutti gli esseri sotto la comune ricerca della realizzazione divina. Come sostenitrice della devozione, la Bhagavad Gita rivela che il bhakti sincero conduce alla purificazione della mente e del cuore, consentendo agli individui di trascendere gli attaccamenti mondani e raggiungere la pace interiore. La pratica del bhakti instilla virtù come gratitudine, perdono ed empatia, favorendo una vita armoniosa e virtuosa.

Capitolo XIV
DOVERE E RETTITUDINE

Introduzione al Dharma:

Dharma, derivato dal sanscrito, significa legge e ordine in un contesto cosmico. Il termine comprende un ampio spettro di significati, che comprendono dovere, rettitudine e obbligo morale. È profondamente radicato nelle tradizioni vediche e costituisce un concetto fondamentale nella filosofia indù. Nella sua essenza, il dharma fornisce una struttura per vivere una vita virtuosa e appagante, sottolineando l'interconnessione della condotta individuale con il benessere della società e dell'universo. Il dharma non è solo un insieme di regole o comandamenti, ma anche un principio guida che sta alla base dell'intero ordine cosmico. Infonde dimensioni etiche e morali in ogni aspetto dell'esistenza umana, fungendo da bussola per sperimentare le complessità della vita. La natura multiforme del dharma sottolinea il suo significato in vari ambiti, tra cui la condotta personale, l'armonia sociale e l'evoluzione spirituale. All'interno di questo quadro multiforme, il dharma delinea le responsabilità dell'individuo verso se stesso, la famiglia, la comunità e l'umanità in generale, evidenziando il legame inscindibile tra dovere personale e benessere collettivo.

Nella Bhagavad Gita, il dharma è un tema centrale che permea l'intero testo, fungendo da principio guida per gli individui che cercano la realizzazione spirituale. La Gita presenta il dharma come qualcosa di più di un semplice dovere; comprende rettitudine, obblighi morali e condotta etica. Attraverso i suoi insegnamenti, la Gita sottolinea l'importanza di aderire al proprio svadharma, o dovere intrinseco, pur riconoscendo le sfide e i dilemmi che gli individui possono affrontare quando si sforzano di allinearsi con il loro giusto cammino. Inoltre, il testo evidenzia la natura eterna del dharma, descrivendolo come una componente essenziale dell'ordine cosmico e dell'armonia universale. Proclama che sostenere il dharma è fondamentale per il benessere individuale e per il benessere della società in generale.

Dovere vs. Desiderio:

Il dovere, spesso rappresentato dal concetto di Dharma, è il giusto cammino o obbligo morale a cui un individuo deve attenersi per mantenere l'ordine e l'armonia nel mondo. D'altro canto, il desiderio comprende le varie brame e gli attaccamenti che nascono dall'ego e allontanano dalla rettitudine e dalla crescita spirituale.

L'indagine filosofica sul dovere contro il desiderio si addentra nei conflitti e nei dilemmi interiori sperimentati dagli individui nel loro tentativo di condurre una vita virtuosa. Solleva questioni fondamentali sulla natura dell'esistenza umana e sulle scelte che facciamo nell'esperienza di questa rete di dovere e desiderio. La Gita ci esorta a riflettere se le nostre azioni siano guidate da un dovere disinteressato o da desideri egoistici, e come queste motivazioni modellano le nostre conseguenze karmiche.

Questa indagine ci spinge a esplorare l'interazione tra dovere e desiderio nel contesto del processo decisionale morale. Ci sfida ad analizzare le motivazioni sottostanti alle nostre azioni e a discernere se sono in linea con il nostro scopo più elevato o se servono solo alla nostra gratificazione personale. Esaminando le implicazioni etiche del dare priorità al dovere rispetto al desiderio, o viceversa, il ricercatore è costretto a confrontarsi con le tensioni derivanti da responsabilità e aspirazioni contrastanti.

Questa indagine filosofica incoraggia l'introspezione riguardo alla fonte dei desideri e al loro impatto sul nostro senso del dovere. Invita gli individui a valutare se la ricerca di desideri fugaci ostacola la loro capacità di adempiere ai doveri prescritti o se contribuisce a un equilibrio armonioso tra aspirazioni personali e obblighi sociali.

Rettitudine in azione:

Il concetto di rettitudine è intessuto nel tessuto della filosofia indù, sottolineando l'importanza dell'azione morale e della condotta etica in ogni aspetto della vita. Nella Gita, il Signore Krishna spiega il significato del sostenere la rettitudine e dell'adempimento del proprio dovere con sincerità e integrità. Questa enfasi sulla rettitudine ha implicazioni di vasta portata che vanno oltre la condotta personale.

Una delle implicazioni etiche fondamentali della rettitudine è la promozione dell'armonia e del benessere della società. Quando gli individui aderiscono ai loro doveri prescritti mantenendo una condotta retta, ciò favorisce un ambiente di rispetto reciproco, cooperazione e comprensione all'interno della società. La Gita sostiene l'esecuzione del proprio dovere senza attaccamento ai risultati, portando a una società governata da principi etici piuttosto che da desideri egoistici o guadagno personale.

Inoltre, la rettitudine in azione comprende il trattamento etico degli altri. Richiede compassione, empatia e non violenza in tutte le interazioni. Ciò si estende alla responsabilità degli individui nei confronti dell'ambiente, degli animali e dei propri simili. L'interconnessione di tutta la vita è sottolineata, sottolineando la necessità di pratiche etiche e sostenibili nella vita quotidiana.

D'altra parte, le implicazioni etiche della rettitudine sono strettamente legate al concetto di giustizia ed equità. Mantenendo una condotta retta, gli individui contribuiscono alla creazione di una società giusta ed equa. Ciò comporta il rispetto dei diritti e della dignità di tutti i membri della società, indipendentemente dallo status sociale, dal genere o dal background. La Gita propone l'idea che tutti gli individui hanno il diritto di perseguire il proprio dovere e la propria rettitudine, sottolineando la necessità di inclusività e giustizia sociale.

Un'altra implicazione etica critica risiede nell'aderenza alla verità e all'onestà. La rettitudine in azione sottolinea l'importanza della trasparenza, dell'integrità e della veridicità in tutti i rapporti. Questo fondamento etico è cruciale per costruire fiducia e promuovere relazioni genuine all'interno della società, gettando le basi per una comunità basata su principi e moralmente retta.

Il ruolo dell'intuizione nel riconoscimento del dovere:

L'intuizione, spesso descritta come la capacità di comprendere o apprendere qualcosa immediatamente senza la necessità di un ragionamento cosciente, svolge un ruolo cruciale nel discernere il proprio dovere, o dharma. Nel contesto della Bhagavad Gita, l'intuizione è onorata come mezzo per comprendere il proprio scopo e le proprie responsabilità nella vita. A differenza del processo decisionale razionale, che si basa su analisi logiche e fattori esterni, l'intuizione attinge a una saggezza innata che trascende l'intelletto.

Gli insegnamenti di Krishna nella Bhagavad Gita sottolineano l'importanza di riconoscere il proprio dharma attraverso la guida interiore. Egli incoraggia Arjuna a fidarsi del suo intuito e ad agire secondo la sua natura fondamentale, o svadharma. Questo concetto suggerisce che allineandoci con la nostra natura essenziale, possiamo riconoscere intuitivamente i nostri doveri e obblighi sia nei regni personali che sociali.

Inoltre, la nozione di intuizione nella Gita sottolinea l'idea che il dovere nasce da un senso interiore di chiamata piuttosto che da imposizioni esterne. Implica che gli individui possiedano una capacità intrinseca di comprendere i propri ruoli e obblighi sintonizzandosi con la propria voce interiore. Ciò si allinea con la convinzione generale che ogni individuo è unico, con un distinto insieme di abilità, inclinazioni e responsabilità. Quindi, il ruolo dell'intuizione è strumentale nel realizzare e abbracciare questo dharma distintivo.

È importante notare che il processo di attingere all'intuizione per riconoscere il dovere non ignora la contemplazione ponderata e le considerazioni etiche. Piuttosto, integra e arricchisce il processo decisionale integrando una prospettiva più profonda e olistica. L'intuizione, quando affinata e raffinata attraverso la pratica spirituale e l'autoconsapevolezza, funge da luce guida nell'esperienza delle complessità della vita e nel sostenere la rettitudine nelle azioni.

In sostanza, l'esplorazione dell'intuizione e del dovere da parte della Bhagavad Gita sottolinea l'interconnessione tra l'anima individuale e l'ordine cosmico più ampio. Coltivando il discernimento intuitivo, gli individui si ritrovano non solo ad adempiere ai propri doveri personali, ma anche a contribuire positivamente al funzionamento armonioso del tessuto sociale. L'equilibrio tra responsabilità personale e armonia sociale è quindi legato alla coltivazione e all'applicazione dell'intuizione nel riconoscere e perseguire il proprio dharma.

Capitolo XV
REALTÀ E PERCEZIONE

Fondamenti filosofici dell'illusione:

Il concetto di Maya, come presentato nella filosofia indù, è profondamente radicato nella comprensione della realtà e della percezione. Filosoficamente, Maya è spesso considerata l'illusione cosmica che vela la vera natura dell'esistenza. Questa nozione deriva dalla convinzione che il mondo materiale, come percepito dai sensi umani, sia transitorio ed effimero, il che porta a una distorsione della realtà. Tale prospettiva invita a esplorare i principi fondamentali che sostengono questo concetto filosofico.

Nel profondo, i fondamenti filosofici dell'illusione si addentrano nella natura della coscienza e nella sua relazione con l'universo manifestato. L'Advaita Vedanta, una scuola importante di filosofia indù, offre una distinta comprensione di Maya, postulando che la realtà ultima (Brahman) è oscurata dalla molteplicità illusoria del mondo fenomenico. Attraverso la lente dell'Advaita Vedanta, Maya è percepita come un velo che ostacola la realizzazione dell'unità sottostante dell'esistenza. Questa interpretazione enfatizza la natura eterna e immutabile di Brahman, giustapposta alla natura mutevole e transitoria del mondo empirico, dando così origine al concetto di illusione.

Inoltre, i fondamenti filosofici di Maya si intersecano con l'indagine metafisica sulla natura della conoscenza e della percezione. All'interno della filosofia indiana, le scuole Nyaya e Vaisheshika hanno deliberato sugli aspetti epistemologici della percezione e della cognizione, contribuendo all'elucidazione della natura illusoria dei fenomeni. Queste esplorazioni filosofiche ruotano attorno alla comprensione che la cognizione umana è soggetta a limitazioni e distorsioni, influenzando così l'interpretazione della realtà. L'interazione tra percezione sensoriale, inferenza e testimonianza costituisce il fulcro di queste discussioni, evidenziando come le facoltà cognitive possano generare costrutti illusori.

I fondamenti filosofici dell'illusione si estendono a una contemplazione delle implicazioni ontologiche di Maya. Nel regno della filosofia Samkhya, il tessuto dell'esistenza è delineato in purusha (coscienza) e prakriti (materia). Maya, in questo contesto, è intrecciata con prakriti, incapsulando i costituenti elementari dell'universo manifesto. L'intreccio di coscienza e materia dà origine all'interazione dinamica di creazione e dissoluzione, rafforzando ulteriormente la natura illusoria dei fenomeni mondani.

Realtà vs. Percezione:

La Bhagavad Gita approfondisce la comprensione che ciò che percepiamo come realtà è spesso plasmato dalle nostre percezioni ed esperienze individuali. Sfida la nozione che ciò che sembra reale possa in realtà essere un'illusione formata dai nostri sensi e dalla mente condizionata. Questa prospettiva solleva domande sulla natura dell'esistenza e su come comprendiamo il mondo che ci circonda.

La dualità tra realtà e percezione mette in discussione l'affidabilità dei nostri sensi e il modo in cui interpretano il mondo esterno. Pone un'indagine fondamentale sul fatto che le nostre esperienze sensoriali riflettano veramente una realtà oggettiva o se siano semplicemente costruzioni soggettive delle nostre menti. Questa tensione tra ciò che è oggettivamente reale e ciò che percepiamo soggettivamente crea un enigma filosofico che è stato dibattuto per millenni.

Inoltre, la Bhagavad Gita ci invita a contemplare le implicazioni di questa dualità sulla nostra comprensione della verità e della conoscenza. Se la nostra percezione è fallibile e suscettibile all'illusione, allora come possiamo discernere ciò che è veramente reale? Questo dilemma ci sfida a riconoscere i limiti delle nostre facoltà sensoriali e sottolinea la necessità di trascendere la percezione ordinaria per raggiungere verità più elevate.

Il testo incoraggia un'introspezione più profonda nella natura della nostra consapevolezza e coscienza. Ci spinge a considerare come il nostro condizionamento mentale e i nostri pregiudizi cognitivi influenzano la nostra percezione della realtà. Questa contemplazione svela la relazione tra la mente e la percezione del mondo, portando infine al riconoscimento dei veli autoimposti che oscurano la vera natura della realtà.

Il ruolo dei sensi nel plasmare la realtà:

L'esperienza umana è fondamentalmente plasmata dalle percezioni sensoriali, che fungono da canali attraverso cui interagiamo con il mondo. Ognuno dei nostri cinque sensi (vista, udito, tatto, gusto e olfatto) svolge un ruolo cruciale nel plasmare la nostra comprensione dell'ambiente esterno.

L'input sensoriale costituisce il fondamento delle nostre esperienze quotidiane, influenzando i nostri pensieri, emozioni e azioni. La Gita sottolinea che queste percezioni sensoriali non sono intrinsecamente imperfette, ma piuttosto hanno il potenziale di portarci fuori strada se non controllate. Evidenzia la tendenza della mente ad attaccarsi alla gratificazione sensoriale, portando a una percezione distorta della realtà.

D'altro canto, il testo approfondisce il concetto di indriyas, o organi interni della percezione, che si estendono oltre i cinque sensi tradizionali per comprendere la mente e l'intelletto.

L'interazione degli indriyas con gli input sensoriali esterni sottolinea ulteriormente la complessità della percezione umana e la formazione della realtà.

La Gita espone l'idea che una mente e dei sensi incontrollati possono portare all'illusione che le attività materiali siano la fonte ultima della felicità. Soccombendo alla tentazione dei piaceri sensoriali, gli individui possono allontanarsi dal loro vero scopo e perdere di vista la loro essenza spirituale.

Per superare i limiti imposti dalle percezioni sensoriali, la Bhagavad Gita sostiene l'autodisciplina e la padronanza dei sensi. Illumina il percorso dell'autoconsapevolezza e spinge gli individui a trascendere il fascino transitorio della gratificazione sensoriale alla ricerca della realizzazione spirituale. Attraverso la pratica della consapevolezza, si può acquisire padronanza dei sensi, consentendo una percezione più chiara e accurata della realtà e una connessione più profonda con il sé interiore.

Prospettive vedantiche su Maya:

Nella tradizione vedantica, Maya è spesso descritta come l'illusione cosmica che vela la vera natura della realtà. Secondo Vedanta, l'universo è una proiezione della mente e Maya è la forza che crea l'apparenza di molteplicità e diversità nel mondo. Questo concetto è profondamente radicato nelle Upanishad e costituisce un aspetto fondamentale della filosofia Advaita Vedanta. Gli studiosi e i saggi vedantica hanno esposto la natura di Maya attraverso varie scritture, commenti e trattati filosofici, fornendo intuizioni sulle sue implicazioni per l'esistenza umana e l'evoluzione spirituale.

Da una prospettiva vedantica, Maya non è semplicemente un'illusione da rifiutare o trascendere, ma piuttosto un velo che deve essere penetrato per comprendere l'unità sottostante dell'esistenza. Gli insegnamenti sottolineano che la realtà ultima, nota come Brahman, è al di là della portata dei sensi e della comprensione razionale, e che Maya distrae gli individui dal realizzare la loro natura essenziale come esseri divini. Approfondendo lo studio di Maya, si può ottenere una comprensione più profonda dell'interazione tra coscienza, percezione e mondo fenomenico, che alla fine porta a realizzazioni spirituali.

Vedanta afferma che Maya opera sia a livello individuale che cosmico, manifestandosi come ignoranza, desiderio e attaccamento che legano gli individui al ciclo di nascita e morte. Attraverso una rigorosa introspezione e auto-indagine, i praticanti Vedanta cercano di svelare la natura illusoria delle loro identità individuali e coltivare una consapevolezza della loro divinità intrinseca. Le intuizioni filosofiche offerte da Vedanta servono come guida per sperimentare le illusioni del mondo materiale e trovare la liberazione dal ciclo del Samsara.

Inoltre, Vedanta presenta il concetto di Maya come espressione dinamica della potenza creativa divina, che facilita il gioco del cosmo mentre allo stesso tempo nasconde la verità sottostante. Comprendere Maya all'interno di questa cornice consente agli individui di apprezzare la coesistenza armoniosa della diversità apparente e dell'unità immutabile, alimentando così un senso di soggezione e riverenza per l'arazzo della creazione. Incoraggia un cambiamento di prospettiva dal percepire Maya come una forza ingannevole al riconoscerla come un catalizzatore per la crescita e la realizzazione spirituale.

Interpretare Maya attraverso una lente moderna:

Interpretare Maya attraverso una lente moderna implica l'esame della sua rilevanza nel contesto della scienza cognitiva, della neuroscienza e del discorso filosofico contemporaneo.

L'esplorazione di Maya alla luce della psicologia cognitiva approfondisce i meccanismi della percezione, della cognizione e della costruzione della realtà all'interno della mente umana. Questo approccio interdisciplinare fa luce su come il cervello umano elabora le informazioni sensoriali e costruisce esperienze soggettive, influenzando così le interpretazioni individuali della realtà. Inoltre, la ricerca neuroscientifica ha fornito spunti sulle limitazioni percettive e sui pregiudizi che modellano la nostra comprensione del mondo, offrendo parallelismi convincenti con il concetto di Maya come proiezione illusoria.

Da un punto di vista filosofico, le interpretazioni moderne di Maya tracciano collegamenti con l'esistenzialismo, la fenomenologia e il pensiero postmoderno, spingendo a riflettere sulla natura dell'esistenza, sulla verità e sul sé. L'esame di Maya attraverso queste lenti invita a domande provocatorie sulla natura della realtà, sulla fluidità delle verità e sui confini tra ciò che è percepito e ciò che è reale. Inoltre, i progressi della tecnologia hanno portato a discussioni intriganti sulla realtà virtuale, sulla teoria della simulazione e sui potenziali parallelismi tra ambienti artificiali e la natura illusoria di Maya come chiarito nei testi antichi.

Capitolo XVI
LA RICERCA DELLA CONOSCENZA

La natura della vera conoscenza:

La vera conoscenza, spesso definita "vidya" nella Gita, incarna la consapevolezza della natura intrinseca della realtà e del sé. Questa forma di conoscenza non è semplicemente cognitiva ma anche esperienziale, derivante da una profonda connessione con i principi divini esposti nella Gita. La natura della vera conoscenza comprende la comprensione degli aspetti eterni e transitori dell'esistenza, chiarisce l'interazione tra l'essenza immutabile del sé e le manifestazioni impermanenti del mondo materiale. Comporta il riconoscimento dell'unità sottostante in mezzo all'apparente diversità della creazione, illuminando così l'interconnessione di tutti gli esseri. Inoltre, la Gita sottolinea che la vera conoscenza supera la comprensione empirica, superando i limiti della percezione e dell'intuizione. Comporta una comprensione intuitiva delle verità universali e una comprensione olistica dell'arazzo dell'esistenza. Questo fondamento filosofico sottolinea la necessità dei ricercatori di trascendere le dualità del mondo fenomenico e di sviluppare una prospettiva globale che comprenda le dimensioni spirituali, morali ed etiche della vita.

Conoscenza vs. ignoranza:

La conoscenza, come raffigurata nelle scritture, comprende più della semplice comprensione intellettuale; si estende al regno della saggezza intuitiva e dell'autorealizzazione. La vera conoscenza, definita "jnana" nella Gita, trascende i limiti della comprensione empirica o razionale. Comporta una comprensione esperienziale dell'interconnessione di tutta l'esistenza, dell'impermanenza dei fenomeni materiali e dell'unità sottostante del divino. Questa conoscenza superiore libera l'individuo dai cicli di nascita e morte e conduce all'illuminazione.

Al contrario, l'ignoranza, definita come "avidya", rappresenta uno stato di cecità spirituale e illusione. Oscura la vera natura della realtà e perpetua l'attaccamento ai fenomeni transitori, portando alla sofferenza e all'impigliamento nel mondo materiale. La Gita sottolinea che l'ignoranza non è semplicemente l'assenza di conoscenza, ma una forza sostanziale che vela la divinità intrinseca in ogni essere. Alimenta egoismo, desideri e avversione, radicando ulteriormente gli individui nella rete dell'illusione.

Il testo illustra che la ricerca della conoscenza serve come mezzo per dissipare l'ignoranza e svelare i misteri dell'esistenza. Coltivando discernimento e autoconsapevolezza, si possono gradualmente superare i veli dell'ignoranza e ottenere intuizioni sulle verità eterne esposte nella Gita. Inoltre, le scritture affermano che sradicare l'ignoranza richiede non solo l'acquisizione della conoscenza, ma anche la pratica di virtù come umiltà, compassione e distacco.

Conoscenza di sé - L'essenza della comprensione spirituale:

La conoscenza di sé, come esposto nella Bhagavad Gita, rappresenta la pietra angolare della comprensione e della crescita spirituale. Si addentra nell'indagine della vera natura del sé, trascendendo gli strati superficiali dell'ego e del condizionamento sociale per svelare la divinità innata in ogni individuo. Questa auto-indagine non solo porta a un senso di introspezione accresciuto, ma favorisce anche un cambiamento trasformativo nella coscienza.

Nella ricerca della conoscenza di sé, gli individui sono chiamati a impegnarsi in una rigorosa auto-riflessione, mettendo in discussione lo scopo della loro esistenza e facendo luce sui motivi sottostanti che guidano le loro azioni. Questo processo introspettivo implica un onesto confronto con le proprie paure, desideri e limitazioni, fungendo da catalizzatore per l'evoluzione personale e l'auto-trascendenza.

Inoltre, la Gita chiarisce la nozione di autoconoscenza come mezzo per discernere l'essenza eterna dall'effimero. Riconoscendo l'impermanenza dei beni materiali e delle esperienze transitorie, gli individui possono staccarsi dalle catene degli attaccamenti mondani e ottenere una comprensione più profonda della loro vera identità come esseri spirituali che hanno intrapreso un viaggio temporale.

La coltivazione della conoscenza di sé è descritta come un processo trasformativo che conduce alla chiarezza e all'autorealizzazione. Attraverso la lente dell'autoconsapevolezza, si acquisisce la capacità di allineare i propri pensieri e azioni con il proprio scopo superiore, favorendo un'integrazione armoniosa dei regni interiore ed esteriore. Questo allineamento interiore diventa il fondamento per una vera realizzazione e una vita con uno scopo, trascendendo la mera ricerca di piaceri transitori e successo materiale.

Inoltre, la Gita sottolinea l'interconnessione tra la conoscenza di sé e il raggiungimento della saggezza spirituale. Sottolinea il ruolo fondamentale dell'autoconsapevolezza nel comprendere le verità universali esposte dagli insegnamenti divini, consentendo così agli individui di interpretare e applicare queste intuizioni nella loro vita quotidiana. Questa comprensione olistica funge da bussola che guida gli individui verso una vita intrisa di virtù, compassione e saggezza trascendentale.

L'interazione tra conoscenza e azione:

Nella Gita, l'interazione tra la conoscenza chiarisce il significato di impegnarsi in responsabilità mondane mentre si persegue la comprensione spirituale. Il concetto di "Karma Yoga" come esposto dal Signore Krishna enfatizza l'integrazione dell'azione disinteressata con la saggezza discernente. Evidenzia l'idea che la vera conoscenza è sfruttata non solo attraverso la contemplazione e la comprensione, ma anche attraverso l'applicazione di tali intuizioni nella vita di tutti i giorni. Questa unione di conoscenza e azione trasmette che le proprie azioni dovrebbero essere governate dalla rettitudine, prive di attaccamento ai frutti del lavoro. Svolgendo i doveri con un senso di devozione e dedizione, gli individui si risvegliano al potere trasformativo dell'azione consapevole. Inoltre, la Gita ingiunge agli individui di agire senza desideri egoistici o ego, sottolineando che tali sforzi disinteressati portano all'arricchimento dell'anima e contribuiscono al bene superiore.

L'integrazione perfetta di conoscenza e azione presentata nella Gita sottolinea l'essenza della vita olistica, in cui la ricerca dell'illuminazione non è separata dagli impegni mondani, ma piuttosto li permea di significato e scopo. Incoraggia gli individui ad affrontare le proprie responsabilità con consapevolezza, compassione e integrità, elevando così compiti mondani ad atti di significato spirituale. Attraverso la lente della Gita, ogni azione diventa un'opportunità per l'autorealizzazione e l'espressione delle proprie virtù interiori, rafforzando l'interconnessione dei regni materiale e spirituale.

L'interazione tra conoscenza e azione sottolinea il potenziale trasformativo dell'allineamento delle proprie azioni con principi nobili e condotta etica. Gli insegnamenti della Gita sostengono che la saggezza priva di applicazione pratica porta alla stagnazione, mentre l'azione priva di intuizione spirituale può perpetuare l'ignoranza. Pertanto, la Gita impartisce la comprensione che la vera conoscenza deve manifestarsi in una condotta retta, portando gli individui a incarnare virtù superiori e integrità morale. Attualizzando la conoscenza attraverso un'azione virtuosa, gli individui diventano agenti di cambiamento positivo, contribuendo all'evoluzione armoniosa sia di se stessi che del mondo che li circonda.

Intelligenza Divina:

Uno dei temi centrali del discorso di Krishna è il concetto di "Buddhi" o intelligenza divina, che rappresenta il discernimento innato e l'intuizione superiore che guida gli individui verso azioni rette e crescita spirituale. Secondo Krishna, questa intelligenza divina emana dalla natura essenziale del sé e fornisce chiarezza in mezzo alla confusione e ai dilemmi morali. Attraverso la Gita, Krishna chiarisce il significato di allineare le proprie azioni con i principi di dharma e karma, sottolineando così il ruolo fondamentale dell'intelligenza divina nel fare scelte consapevoli. Inoltre, Krishna impartisce saggezza riguardo all'interconnessione di tutti gli esseri e alla natura eterna dell'anima, chiarendo l'essenza trascendente dell'esistenza e della coscienza. Integrando questi insegnamenti nella propria vita, gli individui possono coltivare una consapevolezza più profonda e un'intonazione con l'intelligenza divina che permea il cosmo. Inoltre, le intuizioni di Krishna evidenziano il potere trasformativo dell'amore e della devozione nel risvegliare la saggezza dormiente nel cuore umano, sottolineando il principio universale di unità e compassione. I suoi insegnamenti incoraggiano i ricercatori ad abbracciare una prospettiva espansiva che trascende dualità e limitazioni, favorendo una relazione armoniosa con l'intelligenza suprema che governa l'universo. Attraverso la contemplazione e l'introspezione sui discorsi di Krishna, gli individui possono risvegliare il loro potenziale latente e raggiungere uno stato di coscienza superiore, in cui l'intelligenza divina diventa una forza guida nelle loro vite. In quanto tali, le intuizioni degli insegnamenti di Krishna nella Bhagavad Gita offrono una tabella di marcia per allineare la propria coscienza con l'intelligenza divina che orchestra la danza cosmica di creazione, conservazione e dissoluzione.

Il ruolo dell'intuizione e della ragione nella ricerca della saggezza:

L'intuizione, spesso descritta come una forma di conoscenza interiore o intuizione, svolge un ruolo cruciale nel guidare gli individui verso verità e comprensioni più profonde. A differenza della conoscenza empirica derivata da esperienze sensoriali, l'intuizione trascende i limiti dell'intelletto, offrendo intuizioni che sfidano la spiegazione logica. Nel contesto della Gita, l'intuizione è intrecciata con il sé superiore o la coscienza divina, fungendo da canale per la rivelazione spirituale e l'illuminazione. Spinge gli individui a guardare oltre le apparenze superficiali e a connettersi con l'intelligenza cosmica che permea tutta l'esistenza. Tuttavia, mentre l'intuizione fornisce accesso alle verità, la ragione agisce come sua controparte, consentendo la comprensione intellettuale e l'assimilazione di queste intuizioni. La ragione funge da strumento attraverso il quale le rivelazioni intuitive vengono analizzate, sintetizzate e applicate in contesti pratici. La Gita sottolinea l'integrazione armoniosa di intuizione e ragione, riconoscendo che entrambe le facoltà sono essenziali per il raggiungimento e l'applicazione della saggezza. Mette in guardia contro le insidie del fare affidamento esclusivamente sull'intuizione senza l'influenza moderatrice della ragione, che potrebbe portare a interpretazioni fuorvianti e azioni poco pratiche. Al contrario, un eccessivo affidamento sulla ragione a spese dell'intuizione può limitare la propria comprensione ai confini della conoscenza e della logica convenzionali, impedendo la realizzazione di verità spirituali più profonde.

Capitolo XVII
IL RUOLO DEL GURU

Il ruolo del guru come catalizzatore per la trasformazione interiore è profondamente radicato nelle tradizioni spirituali di numerose culture e filosofie, compresi gli insegnamenti della Bhagavad Gita. Un vero guru è più di un semplice istruttore; incarna la saggezza e l'illuminazione ricercate dal sincero ricercatore. La sua presenza e guida hanno il potenziale per innescare un processo di risveglio interiore ed evoluzione nel discepolo.

Al centro di questa influenza catalitica c'è la capacità del guru di trasmettere verità spirituali attraverso le sue parole, azioni e persino la sua presenza silenziosa. La relazione mentore-discepolo è spesso caratterizzata dal trasferimento di energia spirituale, nota come shaktipat, dove la coscienza illuminata del guru influenza ed eleva la coscienza dell'aspirante devoto. Questa trasmissione sottile può risvegliare facoltà dormienti e avviare cambiamenti nella consapevolezza del discepolo, portando infine alla trasformazione interiore.

Inoltre, il guru funge da specchio, riflettendo il potenziale più elevato del discepolo verso se stesso. Incarnando le qualità di compassione, saggezza e autorealizzazione, il guru fornisce un esempio vivente di conseguimento spirituale e guida il discepolo verso il riconoscimento e la manifestazione della propria natura divina latente. In questo modo, il ruolo del guru si estende oltre la mera istruzione, fungendo da incarnazione delle più alte aspirazioni dell'aspirante e da promemoria costante del potenziale per la trasformazione interiore.

La presenza di un guru sfida anche il discepolo a confrontarsi con i propri limiti e condizionamenti. Esponendo le resistenze e le illusioni dell'ego, il guru diventa un agente di trasformazione, costringendo il discepolo a impegnarsi in una profonda auto-indagine e introspezione. Attraverso questo processo, il discepolo inizia a riconoscere e smantellare le barriere che ostacolano la sua crescita spirituale, liberando così la strada per la trasformazione interiore e l'autorealizzazione.

Nel ricco arazzo delle tradizioni spirituali, abbondano innumerevoli esempi di guru esemplari i cui insegnamenti hanno lasciato un segno indelebile sui loro discepoli e sul mondo in generale. Questi casi di studio servono come illustrazioni del potere trasformativo esercitato dai maestri illuminati nel guidare i loro seguaci verso la crescita spirituale e la realizzazione finale. È attraverso un esame approfondito di queste figure storiche che otteniamo una visione delle diverse modalità delle relazioni guru-discepolo e della saggezza impartita.

Una di queste figure luminose è Adi Shankaracharya, un esempio di erudizione e abilità spirituale nell'antica India. Noto per la sua unificazione di scuole filosofiche divergenti sotto l'ombrello dell'Advaita Vedanta, gli insegnamenti di Shankaracharya continuano a riverberare attraverso i millenni. I suoi commenti e composizioni espongono la natura non duale della realtà, instillando un senso di introspezione e autorealizzazione nei suoi discepoli.

Andando avanti nel tempo, il venerato Ramakrishna Paramahamsa si erge come incarnazione della devozione e dell'esperienza trascendentale nel diciannovesimo secolo. La sua guida che ha cambiato paradigma ha sottolineato la natura universale dei percorsi spirituali, trascendendo i confini di casta, credo e affiliazioni religiose. Attraverso parabole e dimostrazioni apparentemente semplici ma profondamente trasformative, Ramakrishna ha illuminato i cuori e le menti di molti, tra cui l'illustre Swami Vivekananda, che ha portato avanti la sua eredità in tutto il mondo.

In un diverso ambiente culturale, l'era moderna ha assistito all'emergere di luminari spirituali come Paramahansa Yogananda, i cui insegnamenti hanno trovato profonda risonanza tra i ricercatori di tutto il mondo. L'enfasi di Yogananda sul Kriya Yoga come approccio scientifico all'evoluzione spirituale e la sua opera fondamentale "Autobiografia di uno Yogi" continuano a ispirare innumerevoli individui nella loro ricerca di autorealizzazione e armonia interiore.

Tuttavia, il viaggio verso l'illuminazione spirituale è spesso ostacolato da barriere profondamente radicate negli individui. Tra questi impedimenti, l'ego e la resistenza si distinguono come ostacoli formidabili sul percorso per ricevere la guida di un guru. L'ego, caratterizzato da un forte senso di autoimportanza e attaccamento all'identità personale, può creare un velo di ignoranza che ostacola la ricettività dell'individuo alla saggezza e agli insegnamenti. Questo egocentrismo impedisce all'individuo di riconoscere i propri limiti e di aprirsi al potere trasformativo della guida del guru.

Allo stesso modo, la resistenza, derivante dalla paura, dallo scetticismo o dalla riluttanza al cambiamento, può soffocare la prontezza ad accettare e attuare il consiglio spirituale. Il conforto della familiarità e l'apprensione di avventurarsi in territori sconosciuti spesso portano a una posizione difensiva contro l'abbraccio di nuove prospettive offerte dal guru. È essenziale riconoscere che la resistenza agisce come un meccanismo protettivo per l'ego, salvaguardando le sue credenze e convinzioni esistenti. Tuttavia, questa fortificazione impedisce l'espansione della coscienza e l'assimilazione di intuizioni che il guru cerca di impartire.

Inoltre, il condizionamento sociale e le influenze culturali possono intensificare le barriere dell'ego e della resistenza. Le norme e i valori prevalenti possono instillare rigidità nella mentalità, inibendo la volontà di mettere in discussione paradigmi consolidati e adattarsi a visioni del mondo alternative proposte dal guru. Queste influenze possono generare un senso di superiorità o inferiorità, alimentando ulteriormente l'ego e perpetuando la resistenza. Inoltre, esperienze passate, traumi e delusioni possono coltivare una disposizione difensiva che protegge l'individuo dalla vulnerabilità e dall'apertura essenziali per una vera crescita spirituale.

Affrontare queste barriere richiede introspezione e coltivazione dell'umiltà. Riconoscere i limiti della propria conoscenza e rinunciare al bisogno di controllo sono passi fondamentali nello smantellamento della roccaforte dell'ego e della resistenza. Coltivare un atteggiamento di ricettività e fiducia nella guida del guru può allentare la presa dell'ego e dissolvere le barriere alla trasformazione. Attraverso uno sforzo e una pratica coscienti, gli individui possono gradualmente allinearsi con la saggezza del guru, trascendendo i vincoli dell'ego e della resistenza e intraprendendo un viaggio di risveglio interiore.

Capitolo XVIII
RINUNCIA

Fondamenti filosofici del Sannyasa:

La rinuncia, nota come sannyasa, occupa un posto significativo nelle scritture ed è considerata un percorso verso la liberazione spirituale. La Gita chiarisce che la rinuncia genuina non è l'abbandono di doveri e responsabilità; piuttosto, riguarda uno stato mentale libero dall'attaccamento ai frutti delle azioni. Questa distinzione sottolinea l'importanza della trasformazione interna rispetto alla rinuncia esterna.

La Gita presenta la rinuncia come un elemento essenziale per raggiungere la chiarezza spirituale e l'autorealizzazione. Insegna che coltivando il distacco dai risultati dei nostri sforzi, gli individui possono raggiungere un senso di libertà interiore. Inoltre, la rinuncia è descritta come uno strumento per trascendere l'ego e realizzare l'interconnessione di tutti gli esseri. Rinunciando al desiderio di guadagno personale, si possono allineare le proprie azioni con l'armonia universale.

Un principio filosofico fondamentale della Gita è la nozione di karma yoga, o il percorso dell'azione disinteressata. Questo concetto chiarisce che la rinuncia non è sinonimo di inattività o ritiro dal mondo, ma piuttosto implica l'esecuzione dei propri doveri mantenendo una mentalità distaccata. Impegnandosi nel servizio disinteressato e assolvendo le proprie responsabilità senza aspettarsi ricompense, gli individui possono purificare le proprie menti e coltivare uno spirito di rinuncia.

Inoltre, la Gita impartisce l'idea di jnana yoga, il sentiero della saggezza, come mezzo per comprendere la vera essenza della rinuncia. Attraverso la ricerca della conoscenza e l'autoindagine, gli individui possono acquisire intuizioni sulla natura transitoria dell'esistenza materiale e sulla natura eterna del sé. Questa comprensione conduce a una naturale rinuncia agli attaccamenti mondani e a uno spostamento verso la ricerca delle verità spirituali.

I fondamenti filosofici della rinuncia nella Gita sottolineano anche il significato del bhakti yoga, il percorso della devozione. Arrendendosi con tutto il cuore al divino e coltivando una profonda connessione devozionale, gli individui possono sperimentare un senso di distacco dai piaceri transitori del mondo materiale. Questo aspetto della rinuncia sottolinea il potere trasformativo dell'amore incondizionato e della dedizione a una realtà superiore.

Rinuncia vs. Azione:

Nella Bhagavad Gita, la giustapposizione di rinuncia e azione dà origine a un paradosso filosofico che richiede un'analisi attenta. Da un lato, il testo sostiene il percorso della rinuncia, sottolineando il distacco dai frutti dell'azione e la natura transitoria dei beni materiali. Dall'altro, esalta anche le virtù dell'azione retta e l'adempimento del dovere senza attaccamento ai risultati. Questa apparente contraddizione costituisce il fulcro del dilemma di Arjuna sul campo di battaglia di Kurukshetra e prepara il terreno per il discorso del Signore Krishna. Per risolvere questo paradosso, bisogna approfondire gli insegnamenti della Gita e cogliere la relazione sfumata tra rinuncia e azione. Nel suo nucleo, la Gita non sostiene il rifiuto delle responsabilità o l'astensione dall'azione. Invece, propone il concetto di compiere il proprio dovere in modo disinteressato, senza essere guidati dai desideri o dall'ego. Ciò è in linea con la filosofia più ampia del Nishkama Karma, ovvero l'esecuzione di azioni senza attaccamento al risultato. La rinuncia, nel contesto della Gita, non richiede una vita di inazione o di ritiro dal mondo. Piuttosto, richiede una trasformazione interiore in cui si rimane indifferenti al fascino dei guadagni materiali mentre ci si impegna attivamente nel mondo. La Gita sottolinea che la rinuncia è uno stato mentale in cui un individuo agisce con un senso di equanimità, libero da motivazioni egoistiche e brame. Questa comprensione consente di affrontare l'equilibrio tra impegno mondano ed elevazione spirituale. Inoltre, il testo evidenzia che la vera rinuncia sta nell'abbandonare l'ego, non semplicemente i beni esteriori. Trascendendo i desideri egocentrici che spesso spingono le azioni, gli individui possono svolgere i propri doveri come un'offerta, trasformando così ogni compito in un atto sacro. Di conseguenza, la dicotomia tra rinuncia e azione si dissolve, lasciando il posto a un'integrazione armoniosa di entrambi, in cui ciascuno completa l'altro nel cammino verso la liberazione.

Forme di sacrificio:

Nel profondo, il sacrificio si estende oltre le mere offerte materiali o le azioni rituali. Incarna lo spirito di altruismo e resa, spingendo gli individui a trascendere i loro desideri guidati dall'ego e ad allineare le loro azioni con principi spirituali superiori. Una forma importante di sacrificio è lo "yajna", spesso tradotto come rituale sacrificale, che simboleggia l'offerta delle proprie azioni al divino e l'interconnessione di tutta l'esistenza. Questo antico concetto vedico incoraggia gli individui a svolgere i propri doveri con devozione e consapevolezza, riconoscendo l'intrinseca interconnessione di tutti gli esseri.

Un'altra forma fondamentale di sacrificio risiede nella rinuncia ai frutti delle proprie azioni. Ciò comporta l'abbandono dell'attaccamento ai risultati e l'accettazione dell'esecuzione dei propri doveri per il loro valore intrinseco, piuttosto che per guadagno personale. Coltivando questo atteggiamento di non attaccamento, gli individui si liberano dalla schiavitù del desiderio e coltivano un senso di equanimità, indipendentemente dal successo o dal fallimento.

Inoltre, l'atto di offrire conoscenza, noto come 'vidya-yajna', rappresenta una forma di sacrificio. Condividendo la saggezza, gli individui partecipano all'elevazione della coscienza collettiva, contribuendo all'elevazione spirituale della società nel suo complesso. Questa forma di sacrificio sottolinea il potenziale trasformativo della conoscenza e la responsabilità di diffonderla per il bene superiore.

Oltre a queste forme tradizionali, gli atti di servizio e di carità rappresentano espressioni tangibili di sacrificio. Sia attraverso il servizio volontario agli altri o attraverso iniziative filantropiche, gli individui esprimono il loro altruismo e la loro compassione, riconoscendo la rete interconnessa dell'umanità. Tali azioni altruistiche non solo avvantaggiano chi è nel bisogno, ma purificano anche il cuore e promuovono un senso di interconnessione ed empatia.

Liberazione attraverso il distacco:

La liberazione attraverso il distacco può essere compresa come un processo trasformativo in cui gli individui rilasciano il loro attaccamento al mondo materiale transitorio, abbracciando invece uno stato di coscienza trascendentale. Questo viaggio implica un passaggio consapevole dal perseguire desideri e attaccamenti fugaci al riconoscere l'essenza del sé. Rinunciando alle richieste dell'ego e identificandosi con l'anima, gli individui spianano la strada alla liberazione definitiva.

Il percorso verso la liberazione attraverso il distacco delineato nella Gita sostiene la pratica dell'azione disinteressata mentre si rinuncia a motivazioni e desideri personali. Ciò non implica un'avversione alle responsabilità mondane o una rinuncia ai doveri sociali. Al contrario, sottolinea l'importanza di svolgere i propri doveri diligentemente, pur rimanendo distaccati dai risultati. Attribuendo i frutti delle azioni a un principio universale superiore piuttosto che al guadagno personale, gli individui si allineano con l'ordine cosmico, trascendendo così il ciclo dell'intreccio karmico.

Inoltre, la Gita espone il concetto di distacco come mezzo per raggiungere l'equanimità in mezzo alle dualità della vita: gioia e dolore, successo e fallimento, lode e critica. Attraverso il distacco, gli individui sviluppano resilienza e forza interiore, diventando impermeabili alle maree ondulate delle esperienze della vita. Liberati dalla tirannia delle fluttuazioni emotive, rimangono fermi nelle loro convinzioni, radicati in un incrollabile senso di sé.

Il potenziale trasformativo del distacco risiede nella sua capacità di condurre gli individui verso l'autorealizzazione e la liberazione. Mentre salgono la scala spirituale, imparano a percepire la divinità imperitura dentro di sé e in tutti gli esseri, favorendo un senso di interconnessione con il cosmo. Srotolando i veli dell'illusione intessuti dal mondo materiale, ottengono chiarezza e intuizione, riconoscendo la natura transitoria dell'esistenza empirica e abbracciando la verità eterna che sostiene tutta la creazione.

In definitiva, la Bhagavad Gita proclama che la liberazione attraverso il distacco non è un lontano ideale utopico, ma un obiettivo raggiungibile per ogni ricercatore serio. Ci invita a intraprendere un'odissea interiore, liberandoci gradualmente dalle catene dell'attaccamento e dell'illusione. Mentre percorriamo questo sacro sentiero, ci risvegliamo alla libertà e alla beatitudine innate che giacciono dormienti dentro di noi, inaugurando uno stato di sublime liberazione che trascende i limiti del tempo e dello spazio.

Il ruolo della volontà personale nella vera rinuncia:

La rinuncia, spesso associata al lasciar andare gli attaccamenti e i desideri mondani, richiede una profonda comprensione della natura della volontà personale e del suo allineamento con i principi spirituali superiori. Vyasa approfondisce questo argomento, offrendo preziosi spunti su come la volontà personale può essere sfruttata per facilitare la vera rinuncia. Una delle considerazioni fondamentali per comprendere il ruolo della volontà personale nella rinuncia è la distinzione tra ambizione individuale e dedizione dell'aspirante alla volontà divina. Spesso, la volontà personale è intrecciata con ambizioni, desideri e attaccamenti, creando conflitti interiori che ostacolano il percorso della rinuncia. Attraverso gli insegnamenti di Vyasa, apprendiamo che la vera rinuncia richiede un cambiamento nell'orientamento della volontà personale; richiede il reindirizzamento dei desideri individuali verso l'armonia universale e il servizio disinteressato. La vera rinuncia, quindi, non implica l'abbandono della volontà personale, ma la sua sublimazione e il suo allineamento con la volontà cosmica più grande. Riconoscendo e abbracciando il potenziale trasformativo della volontà personale, gli individui possono affrontare il cammino della rinuncia con chiarezza e determinazione, trascendendo i limiti imposti dai desideri egoici.

Inoltre, Vyasa sottolinea l'importanza dell'introspezione e dell'auto-indagine nel discernere i motivi alla base delle proprie azioni e aspirazioni. Attraverso pratiche contemplative e una profonda riflessione, gli individui possono coltivare l'autoconsapevolezza e acquisire intuizioni sulla natura della propria volontà personale. Questo processo consente agli aspiranti di riconoscere la sottile influenza dei desideri e degli attaccamenti guidati dall'ego, aprendo così la strada alla purificazione e al raffinamento della volontà personale. In questo contesto, la rinuncia diventa un viaggio interiore di rinuncia alle inclinazioni egocentriche e di allineamento della volontà personale con i principi universali di compassione, integrità e verità. Armonizzando la volontà personale con i valori altruistici, gli individui non solo avanzano spiritualmente, ma contribuiscono anche all'elevazione della coscienza umana.

Un aspetto cruciale del ruolo della volontà personale nella vera rinuncia risiede nella coltivazione della resilienza e della determinazione incrollabile sul cammino spirituale. Gli insegnamenti di Vyasa sottolineano la necessità per gli aspiranti di sfruttare la propria volontà personale come una forza potente per superare le sfide e le avversità incontrate durante la ricerca della rinuncia. Coltivando una risolutezza e una perseveranza incrollabili, gli individui possono affrontare le complessità dell'esistenza mondana pur rimanendo fermi nel loro impegno verso gli ideali spirituali. Attraverso l'applicazione disciplinata della volontà personale, gli aspiranti coltivano la forza interiore necessaria per sostenere le proprie aspirazioni spirituali, anche in mezzo al tumulto delle circostanze esterne. Questo spirito resiliente, fortificato dall'allineamento consapevole della volontà personale con i principi spirituali, diventa una luce guida che illumina il cammino della rinuncia, conducendo i cercatori verso la trasformazione interiore e la liberazione finale.

Dovere e Rinuncia:

Vyasa sottolinea che il dovere o Dharma dovrebbe costituire il fondamento della vita di un individuo. Mentre aderire ai propri doveri prescritti è essenziale, Vyasa sottolinea anche l'importanza di svolgere questi doveri senza attaccamento ai risultati. Questa guida risuona con il messaggio più ampio della Gita di azione disinteressata, evidenziando l'importanza di dedicare i propri sforzi al bene superiore piuttosto che perseguire un guadagno personale. Allineando le proprie azioni ai principi di rettitudine e integrità, gli individui possono trascendere i limiti dell'ego e del desiderio, aprendo così la strada alla crescita spirituale.

Inoltre, le intuizioni di Vyasa gettano luce sulla nozione di rinuncia non come un mero abbandono dei doveri, ma come una disposizione mentale caratterizzata da distacco e purezza interiore. Secondo Vyasa, la rinuncia dovrebbe essere coltivata internamente, consentendo agli individui di affrontare le proprie responsabilità mondane senza essere vincolati dai propri desideri e attaccamenti materiali. Questa comprensione sfumata della rinuncia funge da principio guida, incoraggiando gli individui a svolgere i propri obblighi mantenendo uno stato di distacco dagli aspetti transitori dell'esistenza.

Traendo spunto dagli insegnamenti di Vyasa, diventa evidente che la riconciliazione tra dovere e rinuncia dipende dalla coltivazione di una mentalità di equilibrio e discernimento. La saggezza di Vyasa offre una prospettiva olistica sul vivere una vita equilibrata e significativa, in cui gli individui onorano i propri obblighi coscienziosamente, coltivando al contempo uno spirito di distacco dai frutti delle proprie azioni. Attraverso questo approccio integrato, Vyasa guida i ricercatori in un viaggio trasformativo verso l'autorealizzazione, dimostrando che la ricerca del dovere e della rinuncia non devono necessariamente esistere in opposizione, ma possono convergere armoniosamente per facilitare l'evoluzione spirituale e la liberazione finale.

Capitolo XIX
LA TRASCENDENZA DELLA FEDE

La dinamica tra fede e conoscenza:

Nella Bhagavad Gita, l'interazione tra fede e conoscenza è un tema centrale che sostiene il viaggio spirituale di Arjuna e affronta gli aspetti fondamentali dell'esistenza umana. Nel suo nucleo, la Gita sostiene l'integrazione armoniosa di fede e saggezza, riconoscendole come sfaccettature complementari essenziali per la crescita spirituale. Le dinamiche tra fede e conoscenza sono intrecciate nel dialogo tra Krishna e Arjuna, offrendo intuizioni sulla natura della fede e della comprensione.

La fede, caratterizzata da fiducia e convinzione incrollabili, funge da fondamento su cui è costruito l'edificio della pratica spirituale. È attraverso la fede che gli individui intraprendono la loro ricerca della verità, abbracciando l'invisibile e trascendendo i limiti della conoscenza empirica. Al contrario, la conoscenza fornisce la struttura per la comprensione, il discernimento e l'indagine intellettuale. Consente ai ricercatori di comprendere l'ordine cosmico, riconoscere le illusioni del mondo materiale e raggiungere chiarezza nell'esperienza delle complessità della vita.

Nonostante appaiano come percorsi divergenti, fede e conoscenza convergono nella Gita per creare un approccio olistico all'autorealizzazione. Krishna spiega che attraverso una fede incrollabile, si ottiene l'accesso a verità superiori e si sperimenta la grazia divina. Allo stesso tempo, l'acquisizione della conoscenza favorisce il discernimento, portando a una comprensione più profonda del sé, dell'esistenza e della realtà ultima. Pertanto, la Gita sfida la dicotomia tra fede e ragione, sostenendo la loro relazione simbiotica nella ricerca dell'evoluzione spirituale.

Inoltre, il testo sottolinea che la fede genuina non è un'adesione cieca, ma una convinzione informata radicata nella comprensione e nell'esperienza personale. Incoraggia gli individui a coltivare la fede attraverso la realizzazione diretta, l'esplorazione interiore e la guida di esseri illuminati. La vera fede, come raffigurata nella Gita, è dinamica e trasformativa, e dà potere agli individui di trascendere il dubbio e l'avversità con risoluta convinzione.

Le dinamiche tra fede e conoscenza sono sottolineate nella trasformazione di Arjuna durante tutta la narrazione. Inizialmente assediato dal dubbio e dall'angoscia morale, Arjuna mostra una crisi di fede, mettendo in discussione la sua rettitudine e il suo dovere. Man mano che il dialogo procede, acquisisce intuizione e chiarezza, allineando le sue azioni con la saggezza spirituale, pur mantenendo una fede incrollabile negli insegnamenti di Krishna. Il suo viaggio esemplifica l'interazione tra fede e conoscenza, che culmina nella sua realizzazione del dharma e dell'individualità.

Fede in azione - Il ruolo del servizio devozionale:

Nella Bhagavad Gita, il concetto di servizio devozionale, noto anche come "bhakti yoga", svolge un ruolo significativo nel dare forma al viaggio spirituale degli individui. Questo approccio enfatizza il potere dell'amore, della devozione e del servizio disinteressato per raggiungere l'unione con il divino. La fede nell'azione, o karma yoga, è profondamente intrecciata con questa forma di devozione, evidenziando l'importanza di svolgere i propri doveri senza attaccamento ai risultati.

Il servizio devozionale implica la dedizione disinteressata delle proprie azioni, pensieri ed emozioni a uno scopo più elevato, riconoscendo la presenza divina in ogni aspetto della vita. Attraverso questa lente, anche i compiti banali possono essere trasformati in atti di adorazione, consentendo agli individui di coltivare una connessione più profonda con il divino e trascendere i loro desideri guidati dall'ego.

La Gita offre spunti sul potenziale trasformativo del servizio devozionale, illustrando come la fede genuina e la devozione incrollabile possano elevare la coscienza di un individuo. Impegnandosi in atti di servizio con un cuore puro e una mente libera da motivazioni egoistiche, si può sperimentare un senso di unità e armonia con l'universo.

Inoltre, il ruolo del servizio devozionale si estende oltre la crescita spirituale personale; comprende anche il benessere degli altri. La Gita sottolinea l'idea di servire l'umanità come mezzo per onorare il divino in ogni essere. Questo approccio altruistico promuove un ambiente di compassione, empatia e interconnessione, alimentando l'evoluzione collettiva della società verso una maggiore armonia e pace.

Gli insegnamenti della Bhagavad Gita incoraggiano gli individui a integrare la propria fede in azioni tangibili e compassionevoli. Infondendo sincerità e devozione in ogni sforzo, gli individui possono contribuire al benessere del mondo e contemporaneamente avanzare nel loro percorso spirituale. Inoltre, la Gita sottolinea che l'intenzione dietro un'azione ha un'importanza fondamentale, sottolineando il significato di compiere azioni con motivazioni pure e altruistiche.

Narrazioni di devoti esemplari nel testo:

In tutta la Bhagavad Gita, ci sono potenti narrazioni che esemplificano l'essenza della devozione e il suo impatto trasformativo sugli individui. Queste narrazioni servono come illustrazioni convincenti della fede incrollabile e della dedizione esibite da vari personaggi nel testo. Uno di questi devoti esemplare è Arjuna, il cui viaggio incarna la devozione e l'impegno verso il suo dovere. La sua lotta interiore e la sua ultima resa alla guida divina del Signore Krishna dimostrano la profondità della sua fede e devozione.

Un'altra narrazione degna di nota è quella di Prahlada, la cui incrollabile dedizione al Signore Vishnu in mezzo alle avversità mette in mostra la resilienza e la natura incrollabile della vera devozione. La fede incrollabile di Prahlada funge da esempio ispiratore della forza spirituale che nasce dalla vera devozione. Inoltre, il carattere virtuoso di Draupadi, la sua incrollabile fiducia nel Signore Krishna durante i momenti di estrema angoscia e la sua incrollabile devozione alla rettitudine chiariscono ulteriormente l'incarnazione della devozione di fronte alle avversità.

La storia di Hanuman, venerato per la sua devozione disinteressata al Signore Rama, è un'altra avvincente narrazione che risuona con l'essenza della fede e della dedizione incrollabili. Il suo incrollabile impegno al servizio del Signore Rama, esemplificato attraverso numerose prove e tribolazioni, evidenzia l'impatto della pura devozione sulle proprie azioni e sul proprio carattere. Queste narrazioni non solo sottolineano il significato della devozione, ma illustrano anche le diverse forme ed espressioni della fede incrollabile in diversi contesti e personaggi all'interno della Gita.

La narrazione di Sudama, un amico umile e devoto del Signore Krishna, ritrae il potere trasformativo della devozione disinteressata e la reciprocità divina che evoca. Il racconto di Sudama sottolinea la nozione che la devozione genuina trascende i beni materiali e la posizione sociale, enfatizzando la purezza e la profondità della connessione del devoto con il divino. Queste narrazioni contribuiscono collettivamente a un ricco arazzo di devozione all'interno del panorama testuale della Bhagavad Gita, offrendo intuizioni sul potenziale trasformativo della fede incrollabile e dell'impegno verso il divino.

Interconnessione tra fede, dovere e dharma:

Nella Bhagavad Gita, l'interrelazione tra fede, dovere e dharma è intrecciata nel tessuto della filosofia spirituale. Al centro di questa interconnessione c'è il concetto di svadharma, il dovere o la vocazione intrinseca di una persona basata su caratteristiche e circostanze individuali. La Gita sottolinea l'importanza di svolgere i propri doveri con fede e impegno incrollabili come mezzo per raggiungere la realizzazione spirituale. Questa interconnessione riflette il più ampio quadro filosofico indù, in cui il dharma, o rettitudine, funge da principio guida per la condotta umana. Il testo approfondisce l'idea che adempiere al proprio dovere, guidato dalla fede e dalla devozione, non è semplicemente un atto obbligatorio, ma una responsabilità sacra radicata nell'ordine cosmico. Sottolinea l'importanza di allineare le proprie azioni con il dharma, coltivando al contempo una fede incrollabile nell'orchestrazione divina dell'universo. Attraverso il dialogo tra Krishna e Arjuna, la Gita chiarisce che la vera fede è inseparabile dall'esecuzione coscienziosa delle proprie responsabilità, trascendendo la mera osservanza rituale per incarnare un ethos spirituale.

Inoltre, l'interconnessione di fede, dovere e dharma si estende oltre la condotta individuale per comprendere l'armonia sociale e cosmica. La Gita espone l'interconnessione di questi elementi nel sostenere l'equilibrio del mondo. Sottolinea che aderire al proprio dovere con fede e devozione contribuisce al benessere generale della società e sostiene l'ordine cosmico. Da una prospettiva più ampia, le linee guida etiche e morali fornite dal dharma fungono da forza unificante, promuovendo coerenza ed equilibrio all'interno dell'arazzo dell'esistenza.

Capitolo XX
LA GRAZIA DIVINA

Il concetto di grazia nella spiritualità:

La grazia è una nozione che comprende il favore immeritato, la benevolenza e l'assistenza divina concessi agli individui da un potere superiore. Nel regno della spiritualità, la grazia è considerata un attributo divino che agisce come una forza trasformativa, guidando gli individui nel loro viaggio verso l'illuminazione e la realizzazione spirituale.

Centrale al concetto di grazia è l'idea di misericordia e compassione immeritate, in cui gli individui ricevono benedizioni e sostegno dal divino nonostante i loro limiti e imperfezioni intrinseci. Questo riconoscimento funge da potente fonte di speranza, conforto e rassicurazione per i cercatori che sperimentano le complessità della vita. Inoltre, si ritiene spesso che la grazia operi oltre i confini della comprensione umana, superando i confini della logica e della razionalità. La sua natura misteriosa e trascendente suscita un senso di soggezione e meraviglia, invitando alla contemplazione e all'introspezione nelle profondità della propria identità spirituale.

In varie tradizioni spirituali, il concetto di grazia assume diverse manifestazioni, ciascuna intrisa di sfumature culturali e filosofiche uniche. Ad esempio, nella teologia cristiana, la grazia è raffigurata come l'amore immeritato e il perdono esteso da Dio all'umanità, sottolineando la natura redentrice e salvifica della benevolenza divina. Al contrario, nella filosofia indù, la grazia è percepita come l'intervento divino che accelera il progresso di un individuo sul cammino spirituale, alimentando un profondo senso di riverenza e devozione verso l'ordine cosmico.

Inoltre, la nozione di grazia funge da ponte tra l'umano e il divino, favorendo una relazione simbiotica fondata sulla fiducia, la resa e la ricettività. Sottolinea l'interdipendenza tra il ricercatore e la fonte della grazia, chiarendo lo scambio dinamico di energia e coscienza che avviene durante i momenti di risveglio spirituale e illuminazione.

Alle prese con le complessità dell'esistenza umana, gli individui trovano spesso conforto nel contemplare l'onnipresenza della grazia, percependola come un faro di speranza in mezzo alle avversità e all'incertezza. La risonanza della grazia riecheggia attraverso le narrazioni di innumerevoli praticanti spirituali, riecheggiando racconti di interventi miracolosi, trasformazioni inspiegabili e incontri fortuiti che hanno avuto un profondo impatto sulle loro vite.

Grazia ed esperienza umana:

La grazia, nel contesto spirituale, è spesso descritta come il favore immeritato e l'assistenza divina concessa agli individui da un potere superiore. Questo concetto di grazia trascende i confini religiosi ed è ampiamente riconosciuto come una forza che influenza l'esperienza umana. La relazione simbiotica tra grazia ed esperienza umana è un ricco arazzo che si intreccia attraverso il tessuto delle nostre vite, plasmando le nostre prospettive, azioni e comprensione del mondo che ci circonda.

Nel suo nucleo, il concetto di grazia riconosce l'interconnessione di tutti gli esseri e la benevolenza fondamentale che sta alla base dell'esistenza. Riguarda la nozione che ci sono forze al di là del nostro controllo che lavorano in armonia con i nostri viaggi individuali, guidandoci verso la crescita, la resilienza e l'illuminazione. In questa danza simbiotica, gli esseri umani svolgono un ruolo attivo nel co-creare le loro esperienze, pur essendo ricettivi all'influenza sottile ma trasformativa della grazia.

L'esperienza umana, d'altro canto, comprende un ampio spettro di emozioni, sfide, trionfi e auto-scoperta. È il terreno su cui la grazia si manifesta, offrendo conforto nei momenti di difficoltà, ispirazione nei momenti di incertezza e potere quando ci si trova di fronte alle avversità. La relazione simbiotica tra grazia ed esperienza umana è evidente nelle narrazioni di individui che hanno affrontato le complessità della vita con una fede incrollabile nella presenza della benevolenza divina. Le loro storie illustrano come la grazia diventi una forza guida, illuminando il cammino da seguire e infondendo anche nei momenti più bui la promessa di speranza e rinnovamento.

La relazione simbiotica tra grazia ed esperienza umana si estende oltre il regno delle narrazioni personali per comprendere storie collettive e dinamiche sociali. È dimostrata in atti di compassione, resilienza di fronte alle avversità e capacità di perdono e riconciliazione. Quando gli esseri umani si estendono la grazia l'uno verso l'altro, perpetuano il ciclo di simbiosi, creando onde di positività e buona volontà che riverberano attraverso comunità e generazioni.

La grazia divina nella vita quotidiana:

La grazia divina, sebbene spesso considerata un concetto astratto, permea la nostra esistenza quotidiana in modi straordinari. È essenziale sviluppare un'acuta consapevolezza delle sottili manifestazioni della grazia nelle nostre vite, poiché questo riconoscimento può arricchire profondamente il nostro viaggio spirituale. Nella Bhagavad Gita, Krishna sottolinea l'onnipresenza della grazia divina e il suo significato per gli individui che cercano la realizzazione spirituale.

Un modo per riconoscere la grazia divina nella vita quotidiana è attraverso momenti di serendipità o opportunità inaspettate che si dispiegano con un senso di allineamento senza soluzione di continuità. Questi eventi fortuiti non sono semplici coincidenze, ma possono essere visti come atti di grazia, che ci guidano verso la crescita e la saggezza. Inoltre, il supporto e l'incoraggiamento che riceviamo dagli altri, spesso quando ne abbiamo più bisogno, possono essere visti come un'espressione tangibile della grazia divina all'opera.

Inoltre, la bellezza e l'armonia che si trovano nella natura servono come promemoria costanti della benevolenza e della grazia insite nell'universo. Il sole che sorge, lo sbocciare di un fiore e il ritmo delle maree riflettono tutti la grazia che sostiene la vita e ispira riverenza. Immergendoci nella natura, possiamo sintonizzare i nostri sensi per contemplare la magnificenza della grazia divina oltre i confini dell'impegno umano.

D'altra parte, la capacità di superare sfide o avversità può essere attribuita alla grazia divina, che ci dà il potere di resistere e di emergere più forti dalle prove. Gli atti di perdono e riconciliazione esemplificano anche il potere trasformativo della grazia nella guarigione delle relazioni e nella promozione della compassione. Cercare e riconoscere queste istanze di grazia, anche nel mezzo delle difficoltà, ci consente di discernere la benevolenza sottostante del divino in mezzo alle innumerevoli esperienze della vita.

Oltre agli incontri individuali, le espressioni sociali di gentilezza, altruismo e progresso collettivo possono essere viste come manifestazioni della grazia divina che opera attraverso l'umanità. Riconoscere e celebrare tali istanze infonde un profondo senso di gratitudine e interconnessione, rafforzando il tessuto spirituale delle nostre comunità.

La grazia come catalizzatore per l'evoluzione spirituale:

Nella ricerca dell'evoluzione spirituale, il concetto di grazia ha un significato. La grazia è spesso considerata una forza trasformativa che consente agli individui di progredire lungo i loro percorsi spirituali. Può essere vista come un intervento divino che eleva, guida e nutre l'anima verso regni superiori di coscienza. La grazia non è limitata da confini religiosi o culturali; piuttosto, è un principio universale che opera oltre la comprensione umana.

La grazia funge da catalizzatore per l'evoluzione spirituale instillando un senso di interconnessione e umiltà negli individui. Quando riconoscono la presenza della grazia nelle loro vite, diventano in sintonia con la divinità intrinseca in loro stessi e negli altri. Questa consapevolezza promuove un atteggiamento di gratitudine e riverenza, che porta a un allineamento più profondo con le verità e i valori spirituali. Di conseguenza, il viaggio di auto-scoperta e illuminazione è facilitato attraverso la coltivazione della grazia.

Inoltre, la grazia agisce come una fonte di conforto e forza nei momenti difficili, consentendo agli individui di sopportare le avversità con resilienza e fede. Riconoscendo il ruolo della grazia divina nelle loro vite, i cercatori della verità sono abilitati ad affrontare gli ostacoli e a trascendere i limiti. Questa resilienza apre la strada alla crescita interiore e all'autorealizzazione, spingendoli così ulteriormente lungo il percorso dell'evoluzione spirituale.

La ricezione della grazia genera uno stato di ricettività e apertura negli individui, consentendo loro di percepire le sottili sfumature dell'esistenza in modo più acuto. Questa sensibilità accresciuta porta a intuizioni, saggezza intuitiva e una comprensione più profonda del tessuto interconnesso dell'universo. Di conseguenza, gli individui sperimentano un'espansione della coscienza, trascendendo le loro prospettive limitate ed evolvendo verso uno stato dell'essere più illuminato.

Capitolo XXI
LA NON VIOLENZA COME PRINCIPIO

Ahimsa e il suo ruolo nel processo decisionale etico:

Come una delle virtù cardinali nell'Induismo, nel Buddismo, nel Giainismo e in altri sistemi di credenze, ahimsa, spesso tradotto come non violenza o non nuocere, sottolinea il riconoscimento universale della compassione, dell'empatia e della riverenza per la vita. Incarna il rispetto per tutti gli esseri viventi e sostiene la coltivazione dell'armonia, sia dentro di sé che in relazione al mondo esterno. Questo principio etico si estende oltre la semplice astensione dal danno fisico e comprende i regni mentale, emotivo e spirituale. La sua portata completa rivela l'interazione tra condotta personale, etica sociale e interconnessione globale.

Ahimsa funge da principio guida che influenza il modo in cui gli individui affrontano i dilemmi morali e i conflitti sociali. Centrale al concetto di ahimsa è la comprensione che tutti gli esseri viventi sono interconnessi e possiedono un valore intrinseco. Questo riconoscimento costituisce la base fondamentale per il processo decisionale etico nel quadro della non violenza. Bisogna considerare attentamente il potenziale danno o sofferenza che potrebbe derivare da qualsiasi azione o inazione e sforzarsi di ridurre al minimo gli effetti negativi sugli altri. L'applicazione di ahimsa nel processo decisionale etico si estende oltre il mero evitamento della violenza fisica. Comprende l'astensione dal danno mentale ed emotivo, nonché il riconoscimento e l'affronto delle ingiustizie sistemiche.

I praticanti di ahimsa sono chiamati ad affrontare complessi scenari etici dando priorità alla compassione, all'empatia e alla salvaguardia della dignità. Questo approccio non solo promuove relazioni interpersonali armoniose, ma promuove anche una società fondata sul rispetto e sulla comprensione reciproci. Inoltre, ahimsa incoraggia il discernimento nel valutare le conseguenze a lungo termine e spinge gli individui a cercare soluzioni pacifiche, sostenendo al contempo la giustizia e l'equità. In un mondo sempre più interconnesso, in cui i dilemmi etici sono multiformi e di portata globale, i principi di ahimsa offrono un quadro per sperimentare complessi processi decisionali.

La non violenza come pratica spirituale:

Nella Bhagavad Gita, ahimsa non è solo un codice di condotta esterno, ma anche un atteggiamento interiore che si allinea con l'essenza della spiritualità. La pratica di Ahimsa implica coltivare compassione, empatia e comprensione verso tutti gli esseri viventi, trascendendo i confini di specie, razza e credenze. Abbracciando la non violenza come pratica spirituale, gli individui intraprendono un viaggio trasformativo che comprende pensieri, parole e azioni. Attraverso questa pratica, si cerca di coltivare l'armonia dentro se stessi e con il mondo in generale.

Ahimsa come principio spirituale sfida gli individui ad affrontare i loro conflitti e desideri interiori. Richiede una profonda introspezione nelle proprie intenzioni e motivazioni, incoraggiando gli individui ad agire da una posizione di amore e altruismo piuttosto che di ego o aggressività. Questa esplorazione interiore è fondamentale per l'evoluzione spirituale proposta nella Bhagavad Gita, poiché conduce alla realizzazione della propria interconnessione con tutte le forme di vita. Inoltre, la pratica di Ahimsa come disciplina spirituale richiede lo sviluppo di resilienza e pazienza di fronte alle avversità, consentendo agli individui di rispondere a situazioni difficili con grazia e dignità.

L'impatto della non violenza come pratica spirituale si estende oltre il regno individuale e risuona con la coscienza collettiva. Quando gli individui incarnano i principi di Ahimsa, contribuiscono alla creazione di una società più armoniosa e compassionevole. L'effetto a catena delle loro azioni influenza il tessuto sociale, promuovendo comprensione, cooperazione e coesistenza pacifica. In questo modo, la non violenza diventa un catalizzatore per la trasformazione sociale, illuminando il percorso verso l'unità e l'uguaglianza.

La pratica spirituale di Ahimsa consente agli individui di diventare agenti di cambiamento positivo nel mondo. Sostenendo la giustizia, opponendosi all'oppressione e promuovendo il dialogo sulla discordia, i praticanti della non violenza esemplificano i valori racchiusi nella Bhagavad Gita. Il loro impegno per la verità e la non violenza funge da faro di speranza in tempi di tumulto, ispirando gli altri ad abbracciare l'etica della non violenza nelle loro vite. Questa influenza trasformativa amplifica la rilevanza di Ahimsa nel mondo contemporaneo, dove la sua applicazione ha il potenziale per affrontare complesse questioni socio-politiche e promuovere una pace sostenibile.

Ahimsa nel mondo moderno:

Nel mondo frenetico e interconnesso di oggi, la rilevanza della non violenza non può essere sottovalutata. L'applicazione dell'ahimsa assume nuove dimensioni man mano che le società si confrontano con complesse sfide etiche e morali. Non è semplicemente un concetto passivo, ma una filosofia proattiva che guida individui e comunità verso la pace, l'empatia e la coesistenza inclusiva. La sua rilevanza si estende oltre la condotta individuale per comprendere la diplomazia internazionale, i movimenti per la giustizia sociale e gli sforzi per la sostenibilità ambientale.

L'applicazione dell'ahimsa nel mondo moderno richiede una profonda comprensione dei suoi principi fondamentali e un impegno a tradurre questi principi in azioni tangibili. Che si tratti di governance, economia o relazioni interpersonali, i principi della non violenza offrono soluzioni convincenti ai problemi contemporanei. Ad esempio, le tecniche di comunicazione non violenta sono state determinanti nella risoluzione dei conflitti in diversi contesti culturali e politici. Nel mondo degli affari e dell'economia, il concetto di commercio equo e pratiche etiche si allinea allo spirito dell'ahimsa promuovendo transazioni eque e condizioni di lavoro dignitose.

Inoltre, la rilevanza dell'ahimsa trova espressione nei crescenti movimenti globali per i diritti umani, il benessere degli animali e la salvaguardia dell'ambiente. I sostenitori e gli attivisti traggono ispirazione dai principi della non violenza per sostenere cause che mirano ad alleviare la sofferenza e promuovere l'armonia. Esaminando l'interconnessione di tutti gli esseri viventi, l'ahimsa fornisce una lente trasformativa attraverso cui affrontare le sfide dell'era moderna.

L'applicazione di ahimsa pone anche domande stimolanti riguardo all'uso etico della tecnologia, alla gestione responsabile delle risorse e alla ricerca di uno sviluppo sostenibile. Mentre i progressi della scienza e della tecnologia continuano a plasmare il nostro mondo, integrare i principi della non violenza diventa imperativo nel guidare le innovazioni che danno priorità al benessere umano e all'equilibrio ecologico. In sostanza, ahimsa ci invita a rivalutare il nostro rapporto con il mondo naturale e a immaginare un futuro in cui il progresso sia sinonimo di compassione e rispetto per ogni forma di vita.

Alcune applicazioni di successo dell'Ahimsa:

Nel corso della storia, ci sono stati numerosi esempi di individui e comunità che hanno applicato efficacemente il principio di ahimsa in situazioni di vita reale. Uno di questi esempi convincenti è la leadership del Mahatma Gandhi nella lotta dell'India per l'indipendenza dal dominio coloniale britannico. L'adesione di Gandhi all'ahimsa, unita alla resistenza strategica non violenta, non solo ha ispirato una nazione, ma ha anche aperto la strada alla liberazione dell'India dal dominio britannico. Il suo approccio ha dimostrato che le proteste pacifiche e la disobbedienza civile potevano avere un impatto maggiore del conflitto armato, creando una potente eredità globale che continua a influenzare i movimenti sociali oggi.

Un altro caso di studio degno di nota è il Civil Rights Movement negli Stati Uniti, dove personaggi come Martin Luther King Jr. impiegarono tattiche non violente per combattere la discriminazione razziale e la segregazione. Attraverso atti di disobbedienza civile non violenta, come boicottaggi, sit-in e marce pacifiche, furono compiuti passi da gigante nella sfida al razzismo istituzionalizzato. Il successo di queste iniziative sottolineò l'efficacia dell'ahimsa nel sostenere il cambiamento sociale senza ricorrere alla violenza.

In un contesto più contemporaneo, il lavoro del premio Nobel Malala Yousafzai esemplifica il potenziale trasformativo dell'ahimsa. Nonostante abbia dovuto affrontare violenza e persecuzioni estreme, Malala è rimasta impegnata nella non violenza, utilizzando istruzione e advocacy per promuovere l'uguaglianza di genere e l'accesso all'istruzione per le ragazze. La sua incrollabile dedizione all'attivismo pacifico non solo ha amplificato il suo messaggio a livello globale, ma ha anche portato a miglioramenti tangibili nelle opportunità educative per le comunità emarginate.

La campagna Ahimsa Parmo Dharma avviata dalle comunità Jain mette in mostra la rilevanza della non violenza nell'affrontare le preoccupazioni ambientali ed etiche. Questo movimento sostiene la vita sostenibile, il benessere degli animali e la preservazione ecologica attraverso mezzi non violenti, sottolineando l'interconnessione di tutte le forme di vita.

Ahimsa e altre filosofie:

Ahimsa ha radici profonde nella filosofia orientale e nelle tradizioni spirituali e si confronta e contrappone ad altre importanti filosofie provenienti da tutto il mondo. Uno dei paragoni più sorprendenti può essere tracciato tra Ahimsa e il concetto di "non aggressione" nel pensiero etico occidentale, in particolare nel contesto della filosofia morale e politica. Mentre la non aggressione si concentra sull'astenersi dall'iniziare la forza o la coercizione, Ahimsa comprende uno spettro più ampio che si estende oltre la violenza fisica per includere il danno mentale ed emotivo. Questa distinzione cruciale illumina la natura completa di Ahimsa come principio guida per una vita armoniosa. Inoltre, il paragone con la filosofia stoica fornisce preziose intuizioni sui fondamenti etici di Ahimsa. Gli stoici enfatizzavano la coltivazione della tranquillità interiore e la ricerca della virtù come mezzi per raggiungere una vita di prosperità. Allo stesso modo, Ahimsa sostiene la pace interiore e la rettitudine morale come componenti essenziali nella ricerca di una società giusta e compassionevole. Giustapponendo queste filosofie, possiamo ricavare una comprensione più profonda dei valori universali che sostengono l'Ahimsa. Quando si esamina l'Ahimsa insieme alla tradizione giudaico-cristiana, in particolare il comandamento "Non uccidere", emergono parallelismi nella fondamentale riverenza per la vita. Tuttavia, l'enfasi sull'amore e il perdono nel cristianesimo arricchisce la discussione, evidenziando l'interconnessione dell'Ahimsa con la compassione e la misericordia come principi fondamentali nel promuovere la coesistenza pacifica. Nel regno del confucianesimo, il concetto di "ren", spesso tradotto come "benevolenza" o "umanità", assomiglia all'enfasi dell'Ahimsa sulla gentilezza e l'empatia.

Capitolo XXII
ILLUMINAZIONE E COSCIENZA

La natura della coscienza - Consapevolezza e realtà:

La coscienza, spesso definita l'essenza dell'essere, è un concetto enigmatico che rappresenta il tessuto sottostante della nostra esistenza e chiarisce l'interconnessione di tutti gli esseri senzienti. L'esplorazione della coscienza approfondisce gli aspetti fondamentali della percezione, della cognizione e dell'autoconsapevolezza, offrendo intuizioni sulla natura della realtà e dell'esperienza umana. Nel contesto della Bhagavad Gita, la coscienza è raffigurata come trascendente i limiti del mondo materiale, fornendo una porta di accesso al risveglio spirituale.

Nel suo nucleo, la coscienza incarna lo stato di consapevolezza che consente agli individui di percepire l'ambiente circostante, elaborare informazioni e impegnarsi nell'introspezione. Comprende non solo le esperienze sensoriali della vista, dell'udito, del tatto, del gusto e dell'olfatto, ma anche i regni più profondi del pensiero, dell'emozione e dell'intuizione. Attraverso una coscienza accresciuta, gli individui ottengono un senso accresciuto di chiarezza, concentrazione e consapevolezza, consentendo loro di trascendere i vincoli dell'esistenza mondana e abbracciare una comprensione olistica del sé e dell'universo.

Inoltre, l'esplorazione della coscienza si intreccia con il concetto di realtà, poiché spinge gli individui a mettere in discussione la natura dell'esistenza e i veri costituenti del mondo che li circonda. In molte tradizioni spirituali, compresi gli insegnamenti della Bhagavad Gita, la realtà è percepita come multidimensionale, estendendosi oltre il regno osservabile e tangibile. La coscienza funge da lente attraverso cui gli individui possono discernere gli strati della realtà, svelando verità che superano la comprensione convenzionale.

Inoltre, la Bhagavad Gita illustra la coscienza come il canale per percepire l'essenza divina dentro di sé e in tutti gli esseri viventi, sottolineando l'interconnessione di tutta la creazione. Questa prospettiva illumina l'armonia e l'unità intrinseche che sono alla base dell'apparente diversità e divisione nel mondo, promuovendo un profondo senso di empatia, compassione e riverenza per tutte le forme di vita. Pertanto, la coltivazione di una coscienza elevata si allinea con la ricerca dell'evoluzione spirituale, consentendo agli individui di trascendere le prospettive egocentriche e abbracciare una visione del mondo più inclusiva e armoniosa.

Distinzioni tra illuminazione e conoscenza:

Illuminazione e conoscenza sono spesso usati in modo intercambiabile nel discorso spirituale e filosofico, ma rappresentano stati distinti di consapevolezza e comprensione. La conoscenza si riferisce in genere a informazioni fattuali o teoriche acquisite tramite apprendimento, studio o esperienza. Riguarda l'accumulo di dati, concetti e principi sul mondo, i suoi fenomeni e vari argomenti di indagine. D'altro canto, l'illuminazione trascende la mera cognizione intellettuale e comprende un cambiamento nella coscienza e nella percezione. Denota una realizzazione esperienziale di verità universali, saggezza interiore e l'interconnessione di tutta l'esistenza. Mentre la conoscenza può essere compartimentata e categorizzata, l'illuminazione permea ogni aspetto dell'essere e catalizza una trasformazione olistica. Inoltre, la conoscenza può essere trasmessa da fonti esterne come libri, insegnanti o osservazioni, mentre l'illuminazione nasce dall'interno ed è vissuta come una rivelazione o un risveglio diretto. Inoltre, mentre la conoscenza è soggetta a cambiamenti ed evoluzioni, a seconda di nuove scoperte e progressi, l'illuminazione rappresenta uno stato immutabile di intuizione e chiarezza. Non si basa su una convalida o verifica esterna, ma emana da una profonda connessione con il proprio sé autentico e l'essenza divina dell'universo. Inoltre, mentre la conoscenza può favorire la superiorità intellettuale o la separazione, l'illuminazione favorisce l'umiltà, la compassione e un senso di appartenenza a un tutto più grande.

Il ruolo dell'intuizione e della rivelazione interiore:

Mentre la conoscenza e la ragione svolgono la loro parte nella comprensione del mondo, l'intuizione fornisce una visione più profonda della natura della realtà e del sé. Trascende i confini della logica e della razionalità, consentendo agli individui di attingere a una fonte di saggezza che va oltre l'intelletto. La rivelazione interiore, spesso descritta come un risveglio spirituale o intuizione, ha il potere di svelare verità sull'esistenza e l'interconnessione di tutta la vita. Nella ricerca dell'illuminazione, coltivare e fidarsi della propria intuizione è fondamentale.

Nel corso della storia, molte tradizioni spirituali hanno venerato il significato dell'intuizione e della rivelazione interiore. Nella Bhagavad Gita, il Signore Krishna sottolinea l'importanza della saggezza intuitiva, guidando Arjuna a fidarsi della sua conoscenza interiore di fronte a dilemmi morali e domande esistenziali. Allo stesso modo, nelle filosofie orientali come il Taoismo e il Buddhismo Zen, il concetto di comprensione intuitiva, noto rispettivamente come "wu wei" e "Satori", sottolinea il valore di attingere a un livello più profondo di coscienza oltre la comprensione intellettuale.

Da una prospettiva psicologica, pensatori rinomati come Carl Jung hanno riconosciuto l'influenza dell'intuizione sulla coscienza umana. Ha delineato l'esistenza dell'inconscio collettivo, una riserva di archetipi simbolici condivisi e modelli universali a cui si può accedere tramite intuizione e rivelazione interiore. Jung credeva che integrare questi elementi nella consapevolezza cosciente fosse fondamentale per raggiungere una psiche armoniosa ed equilibrata.

Le tecniche pratiche per affinare l'intuizione includono pratiche di consapevolezza, meditazione ed esercizi contemplativi che consentono agli individui di sintonizzarsi su sottili segnali interni. Attraverso una maggiore consapevolezza di sé e ricettività, si può iniziare a discernere i sottili suggerimenti dell'intuizione in mezzo al rumore della vita quotidiana. Inoltre, promuovere un atteggiamento aperto e ricettivo verso le intuizioni intuitive facilita l'integrazione di questa dimensione nei processi decisionali e nello sviluppo personale.

Ostacoli sul cammino verso la coscienza superiore:

Intraprendere il cammino verso una coscienza superiore e l'illuminazione è un viaggio irto di sfide e ostacoli. Questi ostacoli, interni o esterni, spesso impediscono agli individui di realizzare appieno il loro potenziale spirituale. Un ostacolo importante è l'incessante attrazione delle distrazioni materiali nel mondo frenetico e consumistico di oggi. Il bombardamento costante di informazioni, tecnologia e desideri materiali può distogliere l'attenzione dall'introspezione e dalla crescita spirituale. Inoltre, le norme sociali e le pressioni culturali possono creare barriere al perseguimento di una comprensione più profonda della coscienza e dell'illuminazione. La paura di essere fraintesi o alienati dalla società dominante può essere un fattore inibitorio per gli individui che cercano l'elevazione spirituale. Inoltre, la mente umana stessa rappresenta un ostacolo sul cammino verso una coscienza superiore. Modelli di pensiero negativi, insicurezza e pregiudizi cognitivi possono offuscare la capacità di percepire la realtà con chiarezza e possono ostacolare il perseguimento dell'illuminazione. Inoltre, gli attaccamenti ai beni terreni, alle relazioni e all'ego possono agire come formidabili ostacoli nel viaggio verso la trascendenza. Un altro ostacolo significativo è la mancanza di guida o tutoraggio sul percorso spirituale. Senza una direzione e un supporto adeguati da parte di praticanti esperti, gli individui potrebbero avere difficoltà ad affrontare le complessità della crescita spirituale e potrebbero incontrare battute d'arresto.

Approfondimenti comparativi dalle filosofie mondiali:

Nelle filosofie orientali come l'induismo e il buddismo, il concetto di illuminazione è profondamente radicato nel raggiungimento dell'autorealizzazione e nel trascendere il ciclo della sofferenza. L'enfasi sulla meditazione, la consapevolezza e la coltivazione della pace interiore come mezzo per raggiungere l'illuminazione contraddistingue queste tradizioni. L'interconnessione di tutti gli esseri viventi e l'impermanenza della realtà materiale sono insegnamenti chiave che sostengono la ricerca della realizzazione spirituale. Al contrario, le tradizioni filosofiche occidentali, in particolare le antiche filosofie greco-romane e gli sviluppi successivi dell'esistenzialismo e della fenomenologia, si sono confrontate con questioni relative all'esistenza umana e alla ricerca di significato. La ricerca della saggezza, della ragione e la contemplazione delle virtù etiche sono state centrali in queste tradizioni. Le opere di filosofi come Aristotele, Platone e Nietzsche offrono riflessioni sulla natura del sé, sui valori morali e sullo scopo ultimo della vita umana. Inoltre, la saggezza spirituale che si trova nelle tradizioni indigene di varie culture, come le filosofie dei nativi americani, africani e aborigeni australiani, porta con sé prospettive uniche sull'interconnessione, l'armonia con la natura e la sacralità di ogni forma di vita. Queste tradizioni spesso sottolineano l'importanza di vivere in equilibrio con il mondo naturale e riconoscere il valore intrinseco di ogni aspetto della creazione, offrendo così intuizioni sull'unità di tutta l'esistenza.

Capitolo XXIII
MEDITAZIONE

La meditazione come disciplina vitale:

La meditazione è una disciplina integrale nelle pratiche spirituali delineate nella Bhagavad Gita, offrendo un percorso verso l'autoconsapevolezza e la tranquillità interiore. Non è semplicemente un'attività ricreativa occasionale, ma piuttosto un prerequisito vitale per raggiungere una comprensione più profonda di sé e dell'universo. La pratica della meditazione richiede un impegno e una disciplina incrollabili, poiché scava nel nucleo del proprio essere, invitando all'introspezione e all'illuminazione. Attraverso la meditazione disciplinata, gli individui possono svelare i propri pensieri ed emozioni, favorendo così la chiarezza mentale e l'equilibrio emotivo. La natura vitale di questa disciplina risiede nella sua capacità di espandere la coscienza oltre gli aspetti mondani dell'esistenza e attingere al regno trascendentale della spiritualità. Inoltre, la meditazione funge da potente strumento per sperimentare le complessità della vita, offrendo un santuario di serenità in mezzo al caos e alle richieste del mondo esterno. Fornisce agli individui la resilienza e la forza d'animo per affrontare le sfide con equanimità, rafforzando così la loro forza e resilienza interiori. Inoltre, la vitalità della meditazione è sottolineata dal suo potenziale di creare un allineamento armonioso tra mente, corpo e spirito, favorendo il benessere olistico. Coltivando la consapevolezza del momento presente e sintonizzandosi sui ritmi dell'universo, gli individui ottengono l'accesso a una fonte sconfinata di pace interiore e appagamento. Questa vitalità intrinseca spinge la meditazione oltre il regno di una mera pratica e la eleva allo stato di una forza indispensabile per sostenere la vita. In definitiva, l'incorporazione della meditazione come disciplina vitale nel proprio viaggio spirituale invita gli individui verso una trasformazione, arricchendo le loro vite con scopo, chiarezza e nutrimento spirituale.

Il ruolo della consapevolezza nella meditazione:

La consapevolezza implica dirigere l'attenzione focalizzata sul momento presente, riconoscendo pensieri, sensazioni ed emozioni senza giudizio. Quando integrata nella meditazione, la consapevolezza funge da forza guida, consentendo agli individui di sviluppare una comprensione del loro funzionamento interiore. Attraverso questa forma di autoconsapevolezza, i praticanti possono osservare i loro schemi mentali, promuovendo un senso di chiarezza e intuizione nei loro processi di pensiero.

La consapevolezza funziona inoltre come uno strumento per gestire le distrazioni durante la meditazione, consentendo agli individui di ancorarsi all'esperienza attuale e di staccarsi dai pensieri vaganti. Sfruttando il potere della consapevolezza, i meditatori possono coltivare una connessione più profonda con il presente, svelando la ricchezza di ogni momento che passa. Questo stato di consapevolezza elevato non si limita ai momenti trascorsi in meditazione, ma si estende alla vita quotidiana, favorendo un senso di tranquillità e compostezza.

Inoltre, la consapevolezza si allinea con gli insegnamenti fondamentali della Bhagavad Gita, sottolineando l'importanza di essere pienamente presenti in ogni azione e di vivere la vita con tutto il cuore. Intrecciando la consapevolezza nel tessuto della meditazione, i praticanti possono affinare la loro capacità di impegnarsi con il mondo in modo autentico e intenzionale. L'unione di consapevolezza e meditazione apre la strada all'autorealizzazione e alla pace interiore, alimentando una relazione armoniosa tra mente, corpo e spirito.

Pace interiore attraverso la meditazione:

Man mano che i partizionatori si addentrano nell'arte della meditazione, iniziano a svelare la tranquillità che risiede dentro di loro. L'atto di sedersi in silenziosa contemplazione consente alla mente di stabilizzarsi, dissolvendo gradualmente il chiacchiericcio incessante e il tumulto dei pensieri che spesso affliggono la nostra coscienza. Attraverso una pratica dedicata, gli individui possono attingere a una fonte di serenità, favorendo un senso di calma che permea ogni sfaccettatura del loro essere. Questo processo di coltivazione della pace interiore attraverso la meditazione implica uno sforzo cosciente per lasciar andare gli attaccamenti, i desideri e la presa dell'ego, consentendo così l'emergere di uno stato mentale pacifico. Inoltre, la meditazione funge da strumento per l'auto-scoperta, offrendo agli individui l'opportunità di esplorare le profondità del loro paesaggio interiore, affrontare le loro paure e, in definitiva, trovare la pace dentro di sé. Man mano che la pratica si approfondisce, gli individui scoprono un incrollabile senso di resilienza, che consente loro di affrontare le sfide della vita con equanimità e grazia. Coltivare la pace interiore attraverso la meditazione non è semplicemente uno sforzo passivo; fornisce agli individui la forza e la fermezza per affrontare le avversità, incarnando al contempo un senso di armonia che si estende alle loro interazioni con gli altri. Inoltre, la coltivazione della pace interiore attraverso la meditazione ha implicazioni di vasta portata, che vanno oltre l'individuo per creare un effetto a catena che tocca le vite di coloro che lo circondano. Favorisce un ambiente di positività, compassione e comprensione, contribuendo così al benessere generale della società. Quando gli individui si immergono nella pratica della meditazione, diventano fari di tranquillità, emettendo un'energia calmante che risuona con il mondo in generale. Coltivando la pace interiore, gli individui sono in grado di condurre una vita guidata da saggezza, compassione e chiarezza, aprendo la strada a un'esistenza più armoniosa per sé e per gli altri.

Integrazione della meditazione nella vita quotidiana:

Integrare la meditazione nella propria routine quotidiana è essenziale per sfruttarne i benefici oltre i momenti di solitudine. L'applicazione olistica dei principi meditativi a situazioni di vita reale favorisce un'esistenza più equilibrata e armoniosa. Incorporando la consapevolezza nelle attività quotidiane, gli individui possono coltivare una maggiore consapevolezza dei propri pensieri, emozioni e azioni. Questa maggiore consapevolezza consente loro di rispondere alle sfide della vita con maggiore chiarezza e resilienza.

La meditazione apre anche la strada alla regolazione emotiva e a relazioni interpersonali migliorate. Attraverso la coltivazione di una profonda pace interiore, gli individui sono meglio equipaggiati per affrontare interazioni personali e professionali, il che porta a una migliore comunicazione, empatia e comprensione. L'integrazione della meditazione nella vita quotidiana consente agli individui di affrontare conflitti e fattori di stress con un senso di calma ed equanimità, contribuendo così a un ambiente più armonioso sia a casa che sul posto di lavoro.

D'altra parte, l'incorporazione di pratiche meditative nel tessuto delle routine quotidiane funge da strumento per l'autoriflessione e l'auto-miglioramento. Riservando del tempo dedicato all'introspezione e alla contemplazione, gli individui ottengono preziose intuizioni sui loro schemi di pensiero, comportamenti e valori. Questa accresciuta autoconsapevolezza facilita la crescita personale e promuove un più profondo senso di scopo e realizzazione. Inoltre, alimenta una connessione tra l'individuo e il mondo che lo circonda, promuovendo un senso di interconnessione, compassione e gratitudine.

L'integrazione fluida della meditazione nella vita quotidiana richiede un approccio pratico. Stabilire sessioni di meditazione costanti in momenti specifici della giornata, come al risveglio o prima di dormire, rafforza l'abitudine alla consapevolezza e all'introspezione. Inoltre, incorporare tecniche di consapevolezza in attività di routine come mangiare, camminare o lavorare migliora la continuità della consapevolezza meditativa durante il giorno.

Capitolo XXIV
CONOSCENZA DI SÉ E SAGGEZZA INTERIORE

Panoramica della conoscenza di sé:

La conoscenza di sé costituisce la pietra angolare della crescita personale e dello sviluppo spirituale. Comprende una profonda comprensione delle proprie convinzioni, valori, emozioni e motivazioni. Il viaggio verso la conoscenza di sé non è semplicemente un esercizio intellettuale, ma un'esplorazione del panorama interiore. Richiede un approccio onesto e introspettivo, che richiede agli individui di confrontarsi con le proprie paure, insicurezze e vulnerabilità per acquisire una comprensione della propria vera natura. La conoscenza di sé consente agli individui di riconoscere i propri punti di forza e limiti, promuovendo un senso di autenticità e scopo nelle loro vite. Attraverso questo processo, gli individui possono coltivare una maggiore consapevolezza di sé e raggiungere una comprensione del mondo che li circonda. Inoltre, la conoscenza di sé funge da catalizzatore per la trasformazione personale, consentendo agli individui di fare scelte consapevoli che si allineano con la loro verità interiore. Consente loro di affrontare le sfide della vita con resilienza e chiarezza, promuovendo lo sviluppo di intelligenza emotiva ed empatia. Inoltre, la ricerca della conoscenza di sé invita gli individui a riflettere sulle proprie esperienze, imparando dai propri trionfi e dalle proprie battute d'arresto. Questa pratica riflessiva promuove saggezza, compassione e una connessione più profonda con se stessi e con gli altri. La ricerca della conoscenza di sé spinge inoltre gli individui a esplorare questioni esistenziali sulla natura dell'esistenza, dell'identità e dello scopo, conducendoli su un percorso di auto-scoperta. In definitiva, la conoscenza di sé non è semplicemente uno sforzo individuale; ha implicazioni di vasta portata per la coscienza collettiva della società. Man mano che gli individui acquisiscono intuizioni più profonde sul proprio essere, diventano più attrezzati per contribuire positivamente alle loro comunità e al mondo in generale.

Il viaggio interiore – Comprendere il sé interiore:

Intraprendere il viaggio dentro di sé è un'esperienza trasformativa. Addentrarsi nelle profondità del sé interiore consente un'esplorazione profonda dei nostri pensieri, emozioni e percezioni, portando a una maggiore comprensione della nostra vera natura. Questa odissea interiore favorisce l'autoconsapevolezza e fornisce intuizioni sul nostro essere. Mentre affrontiamo questo labirinto di coscienza, sbrogliamo strati di risposte condizionate e influenze sociali, rivelando infine l'essenza autentica che giace al centro della nostra esistenza. Attraverso l'introspezione e la contemplazione, otteniamo chiarezza sui nostri desideri, paure e motivazioni, consentendoci di fare scelte consapevoli allineate con il nostro scopo superiore. Inoltre, comprendere il sé interiore consente agli individui di coltivare empatia e compassione verso se stessi e gli altri, coltivando relazioni armoniose e favorendo la crescita personale. Il viaggio interiore agisce come uno specchio, riflettendo i nostri punti di forza e vulnerabilità, spingendoci verso l'accettazione e la realizzazione di sé. Offre un'opportunità di auto-scoperta e auto-padronanza, consentendo agli individui di sfruttare il loro potenziale innato e trasformare le loro vite. Questo processo di esplorazione promuove la resilienza emotiva e la forza mentale, dotando gli individui degli strumenti per affrontare le sfide della vita con grazia ed equanimità. Inoltre, comprendere il sé interiore illumina l'interconnessione di tutti gli esseri, favorendo un senso di unità e interdipendenza con il mondo. Il viaggio interiore è un'evoluzione continua, un continuo dispiegarsi di intuizioni e rivelazioni che plasmano la nostra percezione di noi stessi e del nostro posto nell'universo.

Il ruolo dell'introspezione:

L'introspezione è un potente strumento nella ricerca della saggezza e dell'auto-scoperta. Comporta guardare dentro di sé, esaminare i nostri pensieri, emozioni e motivazioni con occhio attento. Attraverso l'introspezione, si possono ottenere intuizioni più profonde sulla propria natura e svelare le complessità della mente umana. Questo processo spesso porta a un maggiore senso di autoconsapevolezza e a una migliore comprensione del mondo che ci circonda.

Nella ricerca della saggezza, l'introspezione funge da bussola, guidando gli individui verso una comprensione delle loro convinzioni, valori e aspirazioni. Impegnandosi in pratiche introspettive, gli individui possono confrontarsi con le loro paure, riconoscere le loro vulnerabilità e abbracciare i loro punti di forza. Tale autoesame consente di riconoscere modelli di comportamento, identificare aree di crescita personale e promuovere un maggiore senso di empatia verso gli altri.

Inoltre, l'introspezione favorisce la consapevolezza, la pratica di essere pienamente presenti nel momento attuale. Riflettendo consapevolmente sulle nostre esperienze e risposte, coltiviamo uno stato di consapevolezza attenta che ci consente di prendere decisioni informate e rispondere in modo ponderato alle sfide della vita. Attraverso questa consapevolezza accresciuta, gli individui hanno maggiori probabilità di agire in linea con i loro veri valori e aspirazioni, aprendo la strada a scelte e risultati più saggi.

L'introspezione facilita anche lo sviluppo dell'intelligenza emotiva, poiché incoraggia gli individui a valutare le emozioni sottostanti che guidano i loro pensieri e le loro azioni. Riconoscendo e comprendendo queste emozioni, gli individui possono affrontare le relazioni interpersonali con maggiore empatia, compassione e autenticità. Questa accresciuta consapevolezza emotiva contribuisce alla coltivazione della saggezza, poiché spinge gli individui a considerare le implicazioni più ampie delle loro decisioni e a comportarsi con integrità e lungimiranza.

L'introspezione funge da percorso verso la trasformazione personale. Consente agli individui di avventurarsi oltre le osservazioni superficiali e di addentrarsi nelle profondità della propria psiche. Così facendo, incontrano opportunità di autoscoperta, auto-accettazione e auto-crescita. Impegnandosi attivamente in pratiche introspettive, gli individui si aprono alla possibilità di trascendere i limiti ed evolvere nel loro sé più elevato.

Fondamenti filosofici dell'Atman nella letteratura vedica:

Radicati nell'antica saggezza e nell'indagine spirituale, i testi vedici svelano l'essenza dell'anima individuale, Atman, e la sua eterna connessione con la coscienza cosmica. Il Rigveda, una delle scritture più antiche, allude all'onnipresenza e alla natura immortale dell'Atman, sottolineando la sua relazione intrinseca con lo Spirito Universale. Questa comprensione fondamentale getta le basi per esplorare le dimensioni metafisiche dell'Atman nei successivi testi vedici. Le Upanishad, venerate come il culmine del pensiero vedico, approfondiscono la natura dell'Atman, chiarendone il carattere trascendentale e l'inscindibile legame con Brahman, la realtà ultima. Attraverso discorsi e contemplazione meditativa, le Upanishad sostengono la realizzazione del proprio vero Sé, l'Atman, come chiave per l'illuminazione e la liberazione dalla schiavitù mondana. Inoltre, la Bhagavad Gita, un dialogo filosofico tra Lord Krishna e Arjuna, rafforza la natura inviolabile dell'Atman, esortando gli individui a discernere l'essenza imperitura dentro di sé tra gli aspetti transitori dell'esistenza. Il testo sottolinea l'immutabilità e l'indistruttibilità dell'Atman, fornendo fortezza morale e forza interiore di fronte alle avversità.

Inoltre, i Purana e gli Smriti delineano il ruolo dell'Atman nel plasmare la condotta morale e la vita retta, guidando così gli individui verso l'autorealizzazione e la realizzazione spirituale.

Differenze tra Atman ed Ego:

Nella Bhagavad Gita, il Signore Krishna fa luce sulla vera natura del sé e sulla natura illusoria dell'ego. L'ego, spesso associato alla mente, è definito dal suo attaccamento al mondo materiale, dall'identificazione con il corpo fisico e dal senso di individualità. Prospera sui desideri, sulle paure e sulle insicurezze, cercando costantemente la convalida e perpetuando un falso senso di separazione. Al contrario, l'Atman rappresenta l'essenza eterna e immutabile di un individuo al di là del regno fisico. Rappresenta la scintilla divina dentro ogni essere, connessa alla coscienza universale. Comprendere questa dualità è fondamentale per intraprendere il percorso dell'autorealizzazione.

L'ego, guidato da attaccamenti mondani ed esperienze transitorie, crea un velo che ostacola la realizzazione dell'Atman. Attraverso l'introspezione e le pratiche spirituali, si può iniziare a discernere il funzionamento dell'ego e la sua influenza su pensieri, emozioni e comportamenti. Questo processo richiede autoconsapevolezza, umiltà e la volontà di confrontarsi con credenze limitanti e modelli condizionati. Man mano che si sbucciano gli strati dell'ego, la luce radiosa dell'Atman inizia a risplendere, illuminando il percorso verso la trasformazione interiore.

Un'analisi spirituale dell'Atman e dell'ego richiede un'esplorazione profonda del concetto di identità. Nel mondo moderno, molti individui traggono il loro senso di autostima e realizzazione da obiettivi esterni come i successi nella carriera, lo status sociale e i beni materiali, una manifestazione della roccaforte dell'ego. Tuttavia, man mano che i ricercatori spirituali si addentrano nell'auto-indagine, si rendono conto che il vero sé, l'Atman, trascende queste identificazioni superficiali. Questa realizzazione spinge a un passaggio dalla convalida esterna all'armonia interna, portando a un senso di scopo e interconnessione con tutta la vita.

L'Atman è caratterizzato dalla sua natura e dalle qualità intrinseche di pace, beatitudine e saggezza. D'altro canto, l'ego è incline a fluttuazioni, attaccamenti e fluttuazioni incessanti. Riconoscendo queste distinzioni, gli individui acquisiscono una comprensione della natura effimera delle attività guidate dall'ego e si collegano con la serenità dell'Atman. Questa consapevolezza favorisce un senso di liberazione dalle catene del materialismo, consentendo agli individui di abbracciare un modo di vivere più spiritualmente allineato.

Conoscenza vs. Saggezza:

Nella ricerca dell'auto-scoperta e della crescita spirituale, è fondamentale discernere la disparità tra conoscenza e saggezza. Mentre la conoscenza si riferisce all'accumulo di informazioni e fatti acquisiti attraverso l'apprendimento e l'esperienza, la saggezza incapsula la comprensione approfondita e l'applicazione di questa conoscenza nel contesto della vita e del mondo che ci circonda. La conoscenza può essere ottenuta attraverso vari canali come l'istruzione, lo studio e l'osservazione, ma la saggezza va oltre la consapevolezza fattuale. Comprende discernimento, intuizione e la capacità di formulare giudizi e decisioni sensati. In sostanza, la saggezza implica l'assimilazione della conoscenza con riflessione introspettiva, comprensione contestuale e considerazioni etiche. Distinguere tra conoscenza e saggezza implica riconoscere che mentre la conoscenza fornisce il "cosa", la saggezza illumina il "perché" e il "come". La conoscenza può riguardare teorie e principi, mentre la saggezza approfondisce il loro significato pratico e le loro implicazioni. Inoltre, la conoscenza può essere condivisa e impartita, ma la saggezza è un viaggio personale che integra i propri valori e le proprie convinzioni nella comprensione del mondo. Comporta l'applicazione della conoscenza con empatia, intelligenza emotiva e lungimiranza. Nel regno spirituale, la saggezza si estende oltre la competenza convenzionale integrando intuizioni morali ed esistenziali. Inoltre, mentre la conoscenza può spesso essere oggettiva e universale, la saggezza riflette spesso una comprensione soggettiva e personalizzata che si evolve attraverso l'introspezione, l'esperienza e la maturità.

L'interazione tra mente, corpo e spirito:

L'interconnessione tra mente, corpo e spirito è un aspetto fondamentale della conoscenza di sé e della saggezza interiore. In vari testi antichi e tradizioni spirituali, viene sottolineata la natura olistica dell'esistenza umana, evidenziando la relazione tra queste tre componenti essenziali. Comprendere l'interazione tra mente, corpo e spirito è fondamentale per raggiungere armonia ed equilibrio nelle nostre vite.

La mente, con i suoi pensieri, emozioni e intelletto, funge da sede della coscienza e punto focale dei nostri processi mentali. Ha il potere di modellare le nostre percezioni, convinzioni e atteggiamenti, influenzando le nostre azioni ed esperienze. Il corpo, comprendente la forma fisica e le sue funzioni fisiologiche, è il mezzo attraverso cui interagiamo con il mondo esterno. È una manifestazione del nostro stato interiore e un veicolo per esprimere i nostri pensieri e sentimenti.

Inoltre, lo spirito, spesso interpretato come l'essenza del nostro essere o la scintilla divina dentro di noi, trascende i limiti del regno materiale. Rappresenta la nostra connessione a qualcosa di più grande di noi, evocando un senso di scopo e significato nella vita. L'interazione tra questi tre elementi costituisce la base del nostro benessere olistico e della nostra crescita spirituale.

In molte pratiche contemplative e insegnamenti filosofici, l'integrazione di mente, corpo e spirito è enfatizzata come mezzo per coltivare l'autoconsapevolezza e l'equilibrio interiore. Coltivando una relazione armoniosa tra questi aspetti, gli individui possono raggiungere una comprensione del loro funzionamento interiore e dell'interconnessione di tutta la vita. Tecniche come la meditazione, lo yoga e la consapevolezza mirano a sincronizzare mente, corpo e spirito, conducendo a uno stato di maggiore consapevolezza e trascendenza.

L'interazione tra mente, corpo e spirito si estende oltre il benessere individuale e ha implicazioni più ampie per la coscienza collettiva e l'armonia sociale. Riconoscere la natura interconnessa di tutti gli esseri e dell'universo favorisce compassione, empatia e un apprezzamento più profondo per l'esistenza. Questa consapevolezza può ispirare azioni altruistiche e un senso di interconnessione, promuovendo una trasformazione positiva su scala personale e globale.

Liberazione attraverso la consapevolezza di sé:

La liberazione attraverso l'autoconsapevolezza è un concetto fondamentale profondamente radicato negli insegnamenti della Bhagavad Gita. Il testo sottolinea l'impatto che l'autoconsapevolezza può avere sul viaggio spirituale di un individuo verso l'illuminazione e la liberazione. L'autoconsapevolezza, in questo contesto, si riferisce alla profonda comprensione e realizzazione della propria vera natura al di là degli aspetti transitori del mondo fisico. Comporta il riconoscimento dell'interconnessione del sé con la coscienza divina e l'energia universale che permea tutta l'esistenza. Coltivando l'autoconsapevolezza, gli individui possono trascendere i limiti dell'ego e raggiungere uno stato di chiarezza e armonia interiore. Questo processo di autorealizzazione conduce a un senso di liberazione dal ciclo del samsara, il ciclo ripetitivo di nascita, morte e rinascita. Attraverso un'aumentata autoconsapevolezza, gli individui acquisiscono intuizione nella loro divinità intrinseca e stabiliscono una connessione con l'ordine cosmico. Questa connessione facilita il rilascio dell'attaccamento ai desideri materiali e la ricerca guidata dall'ego di guadagni mondani. Invece, gli individui si allineano con lo scopo più elevato di servire il bene comune e raggiungere la realizzazione spirituale. La Bhagavad Gita sottolinea il potere trasformativo dell'autoconsapevolezza illuminando il percorso per trascendere la sofferenza e raggiungere la pace interiore. Insegna ai ricercatori a guardare dentro di sé ed esplorare introspettivamente le profondità della propria coscienza, liberandosi dai fardelli dell'ignoranza e dell'illusione. La liberazione attraverso l'autoconsapevolezza non implica il distacco dal mondo, ma piuttosto un senso di presenza e impegno con le esperienze della vita, guidato dalla saggezza e dall'intuizione spirituale. Comprendendo appieno le complessità del sé, gli individui possono affrontare le sfide dell'esistenza con grazia e compostezza, senza farsi influenzare dalle circostanze esterne. Questo livello di autoconsapevolezza promuove la resilienza, la compassione e un'accettazione profonda della natura in continua evoluzione della realtà. Incoraggia gli individui ad abbracciare la loro divinità intrinseca e a incarnare le virtù dell'amore, della gentilezza e dell'empatia nelle loro interazioni con gli altri. In definitiva, la ricerca dell'autoconsapevolezza come mezzo di liberazione è in linea con i temi generali della Bhagavad Gita, promuovendo l'evoluzione della coscienza e la realizzazione di verità eterne che trascendono le dimensioni temporali dell'esistenza umana.

Il legame tra conoscenza di sé e unità con l'universo:

La conoscenza di sé, come esposto nella Bhagavad Gita, offre intuizioni sull'interconnessione dell'Atman con l'universo espansivo. Attraverso la ricerca della conoscenza di sé, si comincia a svelare gli strati dell'esistenza condizionata e ci si rende conto che l'Atman non è separato ma intrecciato nel tessuto del cosmo. Questa realizzazione costituisce la base per raggiungere un'armoniosa unità con l'universo.

Al centro di questo collegamento c'è il riconoscimento che il sé individuale è fondamentalmente connesso alla coscienza universale. La Bhagavad Gita insegna che l'Atman, o il vero sé, è eterno e trascende i limiti del tempo e dello spazio. Quando gli individui coltivano una comprensione più profonda della loro natura più intima attraverso l'auto-indagine e l'introspezione, scoprono l'essenza universale che permea tutta l'esistenza. Questa consapevolezza promuove un senso di unità con l'universo, portando a un senso di interconnessione ed empatia per tutti gli esseri.

Inoltre, il legame tra conoscenza di sé e unità con l'universo si estende alle dimensioni etiche e morali della vita umana. Quando gli individui riconoscono la divinità intrinseca in se stessi attraverso la conoscenza di sé, estendono naturalmente questo riconoscimento agli altri, promuovendo compassione, gentilezza e un modo di vivere etico. Rendendosi conto che la stessa essenza divina risiede in tutti gli esseri viventi, gli individui sono costretti ad agire in modo altruistico e responsabile, contribuendo così positivamente al benessere collettivo della società.

D'altra parte, la ricerca della conoscenza di sé genera un profondo rispetto per il mondo naturale e la rete della vita. Comprendere la connessione dell'Atman con l'ordine cosmico porta a una coscienza ecologica in cui gli individui provano un senso di responsabilità verso l'ambiente e tutti gli organismi viventi. Questa consapevolezza accresciuta coltiva una relazione sostenibile e reverenziale con la natura.

Capitolo XXV
DEVOZIONE IN AZIONE

Bhakti - L'essenza della pratica devozionale:

Bhakti, il percorso della devozione amorevole, è stato esaltato come un mezzo fondamentale per raggiungere l'unione con il divino. L'essenza di Bhakti risiede nell'amore, nell'adorazione e nella resa al divino, trascendendo le formalità e le barriere convenzionali. Questa pratica devozionale è profondamente radicata nelle scritture religiose, negli inni e nella letteratura di diverse culture, sottolineando l'eterno legame tra il devoto e il divino. Esplorare gli aspetti e i principi fondamentali di Bhakti come evidenziato in vari testi spirituali rivela un filo conduttore di fede incrollabile, amore disinteressato e devozione incondizionata alla divinità scelta o forma del divino. L'evoluzione di Bhakti può essere tracciata attraverso gli annali della storia, testimoniando la sua trasformazione da offerte rituali a una relazione intima e personale con il divino. Questa metamorfosi riflette la ricerca umana universale di realizzazione spirituale e comunione con il potere superiore, indipendentemente dai confini culturali o geografici. Quando ci si addentra nell'essenza del Bhakti, diventa evidente che questa pratica devozionale comprende un ampio spettro di espressioni, dal canto e dalla danza estatici alla contemplazione silenziosa e al servizio all'umanità. Centrale al concetto di Bhakti è l'idea di resa disinteressata e assorbimento nel divino, che porta alla trascendenza degli attaccamenti mondani e dei desideri egocentrici. Esemplifica l'innato desiderio dell'anima umana di una connessione più profonda con il divino, trascendendo il banale e cercando rifugio nell'eterno. Questo amore e devozione sono stati celebrati nei capolavori letterari, nei trattati filosofici e nella poesia devozionale di santi e mistici, sottolineando il potere trasformativo del Bhakti nelle vite degli individui attraverso il tempo e lo spazio.

Il principio della devozione:

Nel suo nucleo filosofico, Bhakti è radicato nel concetto di amore e adorazione incrollabili per il divino, trascendendo le nozioni tradizionali di pratica religiosa e dogma. Sottolinea l'unità intrinseca tra il devoto e l'oggetto della devozione, enfatizzando una connessione profondamente personale e intima con il divino.

Centrale al principio di Bhakti è l'idea di resa, ovvero riporre fiducia e fede incondizionate nel divino indipendentemente dai desideri o dai risultati personali. Questo atto di resa denota un riconoscimento dell'onnipotenza e della benevolenza del divino, alimentando un senso di umiltà e riverenza nel devoto. Inoltre, la filosofia Bhakti afferma che questa resa comprende tutti gli aspetti della propria vita, permeando ogni pensiero, azione ed emozione con uno spirito di devozione.

La nozione di grazia divina gioca anche un ruolo fondamentale nella comprensione del Bhakti. Il devoto, attraverso il suo amore e la sua dedizione incrollabili, cerca la grazia del divino, vedendola come la fonte ultima di liberazione e realizzazione spirituale. In questo contesto, la devozione è vista come uno scambio di amore tra il devoto e il divino, con quest'ultimo che conferisce benedizioni e guida al primo.

Inoltre, Bhakti presenta un quadro completo per comprendere le diverse manifestazioni del divino, abbracciando la natura multiforme della spiritualità attraverso culture e tradizioni. Riconosce e celebra la pluralità di espressioni di devozione, illustrando che i percorsi verso la comunione divina sono vari come gli individui che li attraversano. Questa inclusività si estende oltre i confini religiosi, abbracciando l'essenza della devozione come esperienza umana universale, trascendendo le divisioni culturali, geografiche e temporali.

È importante notare che i fondamenti filosofici del Bhakti sottolineano il potere trasformativo dell'amore e della devozione. Immergendosi nella pratica del Bhakti, gli individui intraprendono un viaggio interiore, sperimentando un cambiamento di coscienza e prospettiva. Questa trasformazione trascende il regno della mera fede, diventando una realtà vissuta che infonde ogni aspetto dell'esistenza del devoto con scopo, significato e connessione spirituale.

Forme di devozione:

La devozione, in quanto esperienza umana universale, trova espressione in diverse forme in tutte le culture. Che si manifesti attraverso preghiere, rituali, musica, arte o incontri comunitari, l'essenza della devozione trascende i confini globali, unendo gli individui nella loro ricerca della grazia divina. Nell'induismo, il movimento Bhakti ha elevato le pratiche devozionali alla preminenza, sottolineando l'attaccamento personale e l'amore per il divino come il vero percorso verso la realizzazione spirituale. I vari bhava o stati emotivi come shringara (romantico), vatsalya (genitoriale) e sakhya (amichevole) arricchiscono ulteriormente il panorama della devozione, offrendo ai devoti diverse vie per esprimere il loro amore e riverenza verso il divino. Inoltre, il concetto di seva, o servizio disinteressato, è profondamente intrecciato con la pratica del Bhakti, sottolineando l'importanza di servire gli altri come un atto di devozione. Oltrepassando i confini dell'Induismo, la tradizione islamica incarna la devozione attraverso la pratica del dhikr, il ricordo di Allah attraverso la recitazione e la meditazione. Questo atto di ricordo costante infonde un senso di pace interiore ed elevazione spirituale, favorendo una profonda connessione con il divino. Allo stesso modo, nel Cristianesimo, pratiche devozionali come la recita del rosario, la partecipazione alla messa o ai pellegrinaggi servono come espressioni tangibili di fede e adorazione, avvicinando gli individui a Dio. Inoltre, la tradizione sufi all'interno dell'Islam celebra il concetto di amore divino, impiegando musica, danza e poesia come veicoli per esprimere devozione e raggiungere l'unione mistica con l'Amato. In tutte le filosofie orientali, tra cui il Buddismo e il Taoismo, la devozione è incarnata nella forma di riverenza, umiltà e presenza consapevole, riflettendo un profondo rispetto per l'interconnessione di tutta l'esistenza e la ricerca del risveglio spirituale. Attraverso prostrazioni, canti e offerte, i devoti onorano gli esseri illuminati e cercano la loro guida sul cammino verso l'illuminazione.

L'impatto del Bhakti sulla psiche individuale:

Bhakti, il percorso dell'amore devozionale e dell'adorazione, penetra in profondità nei regni della coscienza umana, alimentando un senso di connessione emotiva con il divino. Quando i praticanti si immergono nelle pratiche devozionali, sperimentano un'elevazione del loro paesaggio emotivo interiore. Il potere trasformativo di Bhakti diventa evidente quando genera sentimenti di amore, gioia e riverenza nel praticante.

Questa forma di devozione agisce da catalizzatore per l'autoscoperta e l'introspezione, incoraggiando gli individui a intraprendere un viaggio spirituale che promuove un profondo senso di appagamento e contentezza. Attraverso l'espressione di amore e devozione verso il divino, i praticanti imparano a coltivare una maggiore consapevolezza del loro mondo interiore. Bhakti li porta ad affrontare e trascendere le loro lotte personali, aiutando nella guarigione emotiva e nel benessere psicologico.

Inoltre, l'impatto del Bhakti si estende oltre l'individuo per comprendere le più ampie dimensioni sociali e comunitarie. Quando i devoti si immergono nei rituali devozionali e nel canto congregazionale, emerge un senso di unità, che lega insieme persone di diversa estrazione in un'esperienza spirituale condivisa. Questo legame comunitario promuove un senso di appartenenza e interconnessione, offrendo conforto e supporto agli individui che affrontano le sfide della vita.

A livello cognitivo, si è scoperto che la pratica del Bhakti instilla emozioni positive, come gratitudine, compassione e ottimismo nella mente dei praticanti. Questi cambiamenti emotivi si manifestano in un benessere mentale migliorato, contribuendo a ridurre stress, ansia e depressione. Inoltre, la coltivazione dell'amore incondizionato attraverso il Bhakti apre strade al perdono, all'accettazione e all'empatia, arricchendo le relazioni interpersonali del praticante e promuovendo una coesistenza armoniosa all'interno della comunità.

Interconnessione tra Bhakti e altri percorsi:

Bhakti è intrinsecamente interconnessa con i percorsi di Karma e Jnana, formando un quadro completo per l'evoluzione spirituale. Mentre i percorsi possono apparire distinti, un'esplorazione più approfondita rivela la loro sottile interazione e influenza reciproca sul viaggio dell'aspirante verso l'autorealizzazione. Karma, il percorso dell'azione disinteressata, integra Bhakti sottolineando l'importanza di svolgere i propri doveri senza attaccamento ai frutti di quelle azioni. Il servizio disinteressato sostenuto nel Karma yoga diventa un'espressione di devozione quando eseguito con incrollabile dedizione al divino. Questa mentalità promuove un senso di resa e umiltà, aspetti essenziali di Bhakti. Allo stesso modo, Jnana, il percorso della conoscenza e della saggezza, fornisce il fondamento intellettuale per comprendere la natura del divino e l'interconnessione di tutta l'esistenza. Mentre il devoto si addentra nei fondamenti filosofici dell'esistenza, il cuore è infuso di riverenza e amore per il divino, rafforzando così la pratica di Bhakti. Inoltre, la ricerca di Jnana consente al praticante di discernere le illusioni del mondo materiale, allineando la propria attenzione con la verità eterna e promuovendo uno stato di devozione. Inoltre, il concetto di Jnana incoraggia l'introspezione e l'auto-indagine, qualità che approfondiscono la connessione emotiva del devoto con il divino. L'integrazione armoniosa di Bhakti, Karma e Jnana consente al ricercatore di coltivare un approccio olistico alla crescita spirituale. Impegnandosi in azioni disinteressate basate sulla devozione, cercando la conoscenza per svelare i misteri dell'esistenza e coltivando un amore fervente per il divino, l'aspirante intraprende un viaggio completo di auto-scoperta e trascendenza. Questa interconnessione sottolinea l'unità intrinseca dei percorsi, sottolineando che Bhakti, Karma e Jnana non sono pratiche isolate ma sfaccettature complementari di una ricerca unificata per la realizzazione spirituale.

Ruolo dei rituali nel rafforzamento della devozione:

I rituali svolgono un ruolo significativo nella pratica del Bhakti, fornendo un mezzo tangibile per gli individui di esprimere e rafforzare la loro devozione al divino. Queste cerimonie e osservanze strutturate servono come potenti canali che collegano i praticanti con la divinità scelta o l'ideale spirituale. Impegnandosi nei rituali, i devoti stabiliscono un senso di spazio e tempo sacri, creando un ambiente favorevole all'approfondimento della loro connessione emotiva e spirituale con il divino. La natura ripetitiva dei rituali infonde anche un senso di disciplina e routine, favorendo la coerenza nella propria pratica devozionale. Inoltre, i rituali spesso implicano azioni e offerte simboliche, che simboleggiano umiltà, riverenza e gratitudine verso il divino. Questo atto di offerta serve a purificare la mente ed elevare la coscienza del praticante, intensificando così la sua devozione. Inoltre, l'aspetto comunitario della partecipazione ai rituali promuove un senso di appartenenza e unità tra i devoti, amplificando l'energia collettiva e la devozione all'interno della comunità spirituale. Fornisce una piattaforma per le persone per riunirsi, condividere esperienze e sostenersi a vicenda nei loro viaggi spirituali. Inoltre, l'esecuzione di rituali funge da potente mezzo per esprimere e riaffermare il proprio impegno verso il divino, rafforzando il legame tra il praticante e l'oggetto della propria devozione. Attraverso questi ruoli poliedrici, i rituali diventano una componente vitale nel nutrire e approfondire la pratica del Bhakti, contribuendo allo sviluppo olistico della vita spirituale di un individuo. È fondamentale riconoscere che mentre i rituali hanno un valore intrinseco nel promuovere la devozione, la sincerità genuina e l'impegno consapevole sono cruciali per garantire che l'essenza del Bhakti venga sostenuta. Quando affrontati con amore e riverenza genuini, i rituali hanno il potenziale per trasformare il cuore ed elevare il praticante a stati più elevati di consapevolezza spirituale, portando infine a una connessione più intima con il divino.

Trasformazione attraverso la devozione - Narrazioni personali:

Il potere della devozione di trasformare gli individui è stato oggetto di profondo intrigo e studio accademico per secoli. Nell'esplorare l'impatto del bhakti sulle narrazioni personali, diventa evidente che la pratica ha il potenziale per apportare cambiamenti interiori ed esteriori. Le narrazioni personali di individui che hanno abbracciato la devozione come stile di vita servono come testimonianze della sua influenza trasformativa. Queste narrazioni catturano l'essenza della devozione, illustrando la sua capacità di instillare un senso di scopo, infondere vite di resilienza e promuovere una profonda connessione emotiva con il divino.

Un tema comune che emerge da queste narrazioni è l'idea di resa, l'atto di rinunciare al controllo e riporre una fiducia incrollabile nel divino. Questa resa non è un segno di debolezza, ma piuttosto un riconoscimento dei limiti dell'agenzia umana e un abbraccio dell'armonia cosmica. Attraverso le loro narrazioni, gli individui condividono come questo senso di resa li abbia liberati dall'ansia, dalla paura e dall'insicurezza, consentendo loro di affrontare le sfide della vita con grazia e accettazione.

D'altra parte, le narrazioni evidenziano il potere trasformativo dell'amore come componente intrinseca della devozione. L'affetto profondo e inflessibile per il divino che viene alimentato attraverso le pratiche devozionali crea un effetto a catena che si estende a tutti gli aspetti della propria vita. Gli individui parlano di come questo amore abbia permesso loro di coltivare empatia, compassione e comprensione, promuovendo relazioni forti e armoniose con gli altri, coltivando al contempo una mentalità resiliente e compassionevole.

Le narrazioni personali gettano luce sul ruolo della devozione nel coltivare resilienza e forza d'animo di fronte alle avversità. Attraverso resoconti di prove e tribolazioni personali, gli individui condividono come la loro devozione abbia fornito loro una fonte incrollabile di forza e speranza, consentendo loro di affrontare circostanze difficili con determinazione incrollabile e fede incrollabile nel piano divino. È attraverso queste narrazioni personali che arriviamo a comprendere come la pratica della devozione abbia il potenziale di incoraggiare gli individui con uno spirito incrollabile e fortificare la loro resilienza di fronte alle prove della vita.

Capitolo XXVI
LA PRESENZA DI DIO

Prospettive filosofiche sul divino:

Il concetto di divino è stato oggetto di contemplazione per filosofi, teologi e studiosi, offrendo una ricca fonte di indagine sulla natura dell'esistenza e sulle realtà metafisiche. Gli approcci filosofici al divino sono radicati nell'analisi critica e nella riflessione, cercando di svelare i misteri della trascendenza e dell'immanenza. Le principali scuole filosofiche come Vedanta, Neoplatonismo e Scolasticismo si sono confrontate con l'ontologia divina, la cosmologia e la teodicea. Le filosofie vedantiche esplorano la natura non dualistica della realtà suprema, presentando il divino come l'essenza ultima sottostante l'universo e i sé individuali. Il pensiero neoplatonico contempla il divino come la fonte e il culmine di tutta l'esistenza, immaginando un'emanazione gerarchica dell'essere dall'Uno divino. La filosofia scolastica, fortemente influenzata dalla teologia cristiana, si impegna nel discorso sugli attributi di Dio e sulla riconciliazione dell'onnipotenza divina con l'esistenza del male. I punti di vista teistici, atei e panteistici arricchiscono ulteriormente il panorama filosofico, ognuno dei quali offre prospettive distinte sulla relazione tra l'umanità e il divino. Le filosofie teistiche postulano una divinità personale e amorevole come centro di devozione e guida morale, mentre le dottrine atee affermano una mancanza di fede in qualsiasi divinità, enfatizzando il razionalismo e l'osservazione empirica sulla fede. Le prospettive panteistiche percepiscono il divino come immanente nel mondo naturale, confondendo i confini tra il sacro e il mondano. Il ragionamento filosofico esplora anche il problema della trascendenza e dell'immanenza divine, esaminando attentamente come il divino interagisce con il regno materiale mantenendo la sua sovranità intrinseca. La dialettica tra fede e ragione, come incarnata nelle opere di personaggi come Tommaso d'Aquino e Maimonide, dimostra tentativi di armonizzare la convinzione religiosa con l'indagine razionale. Nel complesso, la contemplazione del divino da punti di vista filosofici fornisce una base per comprendere le complessità della spiritualità umana e l'eterna ricerca di verità trascendenti.

Simbolismo nei testi sacri:

L'uso del simbolismo nei testi sacri è profondamente radicato nella convinzione che certi simboli portino un significato intrinseco e possano evocare una potente risonanza spirituale negli individui. Questi simboli spesso servono come portali verso stati di coscienza superiori e si ritiene che facilitino una connessione diretta con il regno divino.

Nelle scritture indù come i Veda e le Upanishad, le rappresentazioni simboliche abbondano, con divinità, animali ed elementi naturali che portano un profondo significato allegorico. Ad esempio, il fiore di loto è spesso usato per simboleggiare purezza, illuminazione e sviluppo spirituale. La danza cosmica del Signore Shiva, nota come Tandava, rappresenta il movimento ritmico dell'universo e l'interazione dinamica di creazione, conservazione e dissoluzione.

Allo stesso modo, nella tradizione giudaico-cristiana, simboli come la colomba, la croce e il roveto ardente sono carichi di un ricco simbolismo, che rappresenta rispettivamente la pace, il sacrificio e la rivelazione divina. Le parabole di Gesù nel Nuovo Testamento spesso impiegano un linguaggio simbolico per trasmettere insegnamenti morali e spirituali, invitando i lettori ad approfondire strati più profondi di interpretazione e contemplazione.

Nei testi islamici come il Corano, motivi simbolici come luce, acqua e giardini sono ricorrenti, evocando temi di illuminazione, purificazione e paradiso. Questi simboli guidano i credenti verso una comprensione più profonda della loro fede e forniscono un quadro per interpretare l'interconnessione delle dimensioni materiali e spirituali dell'esistenza.

Nel Buddhismo, i testi sacri e gli insegnamenti sono pieni di simboli come la ruota del Dharma, l'albero della Bodhi e il trono di loto, ognuno dei quali porta con sé significati sfumati legati al percorso del risveglio, dell'illuminazione e della cessazione della sofferenza. Questi simboli servono come dispositivi mnemonici, aiutando i praticanti a conservare e ricordare complesse verità filosofiche o precetti etici.

L'uso del simbolismo nei testi sacri invita inoltre gli individui a impegnarsi in interpretazioni allegoriche e a contemplare gli strati più profondi di significato insiti nelle narrazioni religiose. Attraverso l'esplorazione dei simboli, i lettori sono incoraggiati a discernere verità universali e intuizioni personali, trascendendo il letterale e addentrandosi negli ineffabili misteri dell'esistenza.

Tipi di Manifestazioni Divine:

In varie tradizioni religiose e spirituali, le manifestazioni divine assumono espressioni multiformi, ciascuna con il proprio simbolismo e significato. Un tipo prevalente è l'incarnazione di divinità o esseri divini in forma umana, come si vede nelle storie di Krishna, Rama e altre figure venerate nella mitologia indù. Tali manifestazioni sono spesso considerate l'incarnazione di qualità divine e servono come esempi da emulare per l'umanità. Un'altra forma di manifestazione divina esiste nel mondo naturale, dove la bellezza e la maestosità della creazione sono percepite come un'espressione della presenza del Divino. Ciò può essere osservato nei paesaggi maestosi, nell'equilibrio degli ecosistemi e nel ciclo della vita e della morte, tutti elementi che riflettono un ordine divinamente ordinato. Inoltre, le manifestazioni divine possono anche prendere forma attraverso eventi miracolosi o interventi che trascendono le leggi della natura, ispirando meraviglia e fede tra i credenti. Questi eventi straordinari sono spesso attribuiti all'influenza diretta del Divino nelle vite di individui o comunità. Il concetto di avatar, o discese divine, rappresenta un'altra sfaccettatura delle manifestazioni divine, in cui l'Essere Supremo assume varie forme per ripristinare l'equilibrio cosmico e guidare l'umanità in tempi di crisi morale. Inoltre, all'interno delle tradizioni mistiche ed esoteriche, il risveglio interiore della coscienza spirituale è visto come una manifestazione del Divino all'interno dell'individuo, che culmina in un'unione intima e trasformativa con il trascendente. È importante notare che queste manifestazioni non sono limitate a una singola tradizione o sistema di credenze; piuttosto, riecheggiano il desiderio universale dell'umanità di connettersi con l'ineffabile e cercare un significato oltre il regno materiale.

Esperienze personali e testimonianze:

Nell'esplorare il concetto di manifestazione divina, è fondamentale considerare l'impatto delle esperienze personali e delle testimonianze nel plasmare le convinzioni e la comprensione della presenza divina degli individui. Le esperienze personali spesso servono come prove convincenti per molti individui, influenzando la loro percezione del divino e rafforzando la loro fede. Queste esperienze possono spaziare da momenti di illuminazione spirituale a incontri sottili ma profondamente significativi che lasciano un'impressione indelebile nell'anima.

Le testimonianze di individui provenienti da diverse culture e tradizioni forniscono un ricco arazzo di narrazioni che riflettono i mille modi in cui le persone arrivano a riconoscere e interpretare il divino nelle loro vite. Ogni testimonianza offre una prospettiva unica, gettando luce sulla natura profondamente personale degli incontri divini. Tali testimonianze evidenziano anche gli aspetti universali dell'esperienza umana, sottolineando i fili comuni che ci legano insieme nella nostra ricerca di significato e connessione con il divino.

Esperienze e testimonianze personali spesso servono come fonte di ispirazione e guida per coloro che potrebbero essere alla ricerca di una comprensione più profonda del divino. Offrono uno sguardo alla ricchezza e complessità della spiritualità umana, trascendendo i confini dottrinali e le differenze culturali. Che siano attraverso visioni miracolose, sincronicità inspiegate o momenti di travolgente pace e chiarezza, questi resoconti personali rivelano l'impatto del divino sulle vite individuali e il potere trasformativo di tali incontri.

Le esperienze e le testimonianze personali svolgono un ruolo cruciale nel promuovere empatia e comprensione tra comunità di fede. Condividendo le proprie storie, gli individui creano spazi di dialogo e supporto reciproco, promuovendo un senso di parentela e appartenenza. Queste narrazioni servono anche a rafforzare la fede collettiva e la resilienza delle comunità, offrendo conforto e forza nei momenti di avversità.

Il ruolo della fede nella percezione del divino:

Nel contesto della spiritualità e delle credenze religiose, la fede funge da lente attraverso cui si interpreta e si comprende la presenza del divino. È una forza intangibile che ispira fiducia, convinzione e un senso di connessione con qualcosa di più grande di sé. Attraverso la fede, gli individui cercano significato, scopo e conforto nella loro ricerca di comprensione del divino.

Al centro della fede c'è la fede incrollabile nell'esistenza di una realtà trascendente. Questa fede fornisce una struttura per interpretare i misteri della vita e dell'universo, offrendo un senso di stabilità e rassicurazione di fronte all'incertezza. Inoltre, la fede alimenta una profonda fiducia nella benevolenza e nella saggezza del divino, alimentando un senso di speranza e ottimismo anche in mezzo alle avversità.

Inoltre, la fede funge da catalizzatore per le esperienze spirituali, consentendo agli individui di percepire il divino in varie manifestazioni. Sia attraverso la preghiera, la meditazione, i rituali o la contemplazione, la fede agisce come un canale per stabilire una connessione sacra con il divino. Permette agli individui di trascendere i confini del mondo materiale e abbracciare la natura ineffabile della presenza divina.

Nel regno delle tradizioni religiose, la fede permea ogni aspetto del culto e della devozione. Sostiene i rituali, le cerimonie e le usanze che onorano il divino, infondendo loro significato e rilevanza. L'espressione della fede attraverso la preghiera e le pratiche rituali serve come mezzo per esprimere riverenza, gratitudine e umiltà di fronte al divino, arricchendo il legame spirituale tra gli individui e il trascendente.

Inoltre, la fede genera valori etici e morali, plasmando il modo in cui gli individui percepiscono e interagiscono con il mondo che li circonda. Instilla virtù come compassione, empatia e altruismo, spingendo gli individui a riconoscere l'essenza divina dentro di sé e negli altri. Attraverso questo riconoscimento, la fede diventa una forza guida per una coesistenza armoniosa e un'interconnessione, trascendendo le differenze e promuovendo l'unità.

La fede stabilisce un senso di appartenenza all'interno delle comunità religiose, unendo gli individui sotto credenze e valori condivisi. Forma il pilastro dell'identità comunitaria, fornendo un quadro collettivo per la crescita spirituale, il supporto e l'incoraggiamento reciproco. Le esperienze condivise e le espressioni comunitarie della fede rafforzano il tessuto delle comunità religiose, creando un senso di solidarietà e scopo.

Scienza e spiritualità - Creare ponti tra i mondi:

Scienza e spiritualità, sebbene spesso considerate domini separati, sono sempre più riconosciute come aspetti interconnessi della comprensione e dell'esperienza umana. Il ponte tra questi mondi è un argomento di notevole interesse, in quanto ha il potenziale per rivelare intuizioni più profonde sulla natura della realtà e dell'esistenza.

Un'area chiave di esplorazione risiede nell'intersezione tra fisica quantistica e antichi insegnamenti spirituali. La meccanica quantistica ha fornito una nuova lente attraverso cui osservare l'universo, sfidando i paradigmi scientifici tradizionali e invitando alla contemplazione di concetti spirituali come la coscienza e l'interconnessione. I parallelismi tra l'entanglement quantistico e l'interconnessione sposata in varie tradizioni spirituali presentano un'intrigante via per il dialogo e l'esplorazione.

Inoltre, la neuroscienza si è addentrata nello studio della meditazione, della consapevolezza e degli stati alterati di coscienza, gettando luce sugli effetti fisiologici e psicologici delle pratiche spirituali. Le scoperte neuroscientifiche relative ai benefici della meditazione non solo offrono una convalida empirica per tecniche spirituali secolari, ma stimolano anche discussioni sulla malleabilità della percezione e sulla natura dell'esperienza soggettiva.

Un altro punto di convergenza convincente è la crescente enfasi sulla salute e il benessere olistici, in cui sia le prospettive scientifiche che quelle spirituali riconoscono l'interconnessione di mente, corpo e spirito. Questo approccio integrativo riconosce l'influenza del benessere mentale ed emotivo sulla salute fisica, allineandosi con le filosofie spirituali che enfatizzano l'armonia e l'equilibrio dentro di sé e con il mondo esterno.

Il dialogo tra scienza e spiritualità si estende anche al regno dell'etica e della moralità. Mentre la scienza fornisce dati empirici e ragionamenti per informare quadri etici, la spiritualità offre spunti su compassione, empatia e interconnessione, che possono arricchire il discorso etico e il processo decisionale. Nell'esplorare questa convergenza, il significato dei valori interconnessi tra diverse tradizioni culturali e spirituali diventa evidente, facilitando una prospettiva etica più inclusiva e completa.

Colmare il divario tra scienza e spiritualità richiede un'indagine aperta, un'esplorazione collaborativa e la volontà di trascendere i confini convenzionali della conoscenza. Abbracciare questo approccio interdisciplinare ha il potenziale per arricchire la nostra comprensione del cosmo, dell'esperienza umana e del nostro posto nell'esistenza.

Capitolo XXVII
LA MENTE

Percezione e illusione:

Mentre affrontiamo l'esistenza, diventa evidente che le nostre percezioni spesso modellano la nostra realtà, portando alla confusione dei confini tra ciò che è reale e ciò che è semplicemente una costruzione mentale. La Bhagavad Gita offre spunti su questa interazione, esortando i ricercatori a esaminare attentamente le proprie percezioni e a discernere la natura illusoria di molti fenomeni. In sostanza, sottolinea la necessità di andare oltre le apparenze superficiali e di addentrarsi nelle verità più profonde che sostengono l'esistenza. Così facendo, gli individui possono svelare i veli dell'illusione che offuscano la loro comprensione e ostacolano il loro progresso spirituale.

Inoltre, il testo illumina la natura multiforme dell'illusione, riconoscendo che la mente possiede la straordinaria capacità di tessere reti di inganno. Questa intuizione invita all'introspezione nel funzionamento della mente, sfidandoci a confrontarci con i nostri pregiudizi, preconcetti e attaccamenti che contribuiscono alla creazione di costrutti illusori. Attraverso questo viaggio introspettivo, i praticanti possono iniziare a discernere la natura transitoria e impermanente di molti fenomeni mondani, coltivando una maggiore consapevolezza della natura effimera dell'esistenza materiale.

Il concetto di Maya, centrale negli insegnamenti della Bhagavad Gita, sottolinea la natura illusoria del mondo fenomenico. Mette in guardia contro il fascino seducente delle esperienze sensoriali e dei beni materiali, sottolineando l'impermanenza di tali piaceri fugaci. Riconoscendo queste illusioni e la loro natura transitoria, gli individui possono riorientare la loro attenzione verso gli aspetti eterni e trascendentali della realtà, staccandosi dagli intrecci del mondo materiale.

Discipline mentali:

La padronanza delle discipline mentali è essenziale nel percorso spirituale. Coltivare una mente calma e stabile getta le basi per la crescita spirituale e l'autorealizzazione. Nel corso della storia, saggi e filosofi hanno sottolineato l'importanza della disciplina mentale nel raggiungimento della pace interiore e di una coscienza superiore. La Bhagavad Gita espone l'importanza di controllare e calmare la mente per ottenere la liberazione dai cicli di nascita e morte.

Una tecnica fondamentale per controllare la mente è la pratica della consapevolezza. La consapevolezza implica prestare attenzione deliberata al momento presente senza giudizio. Coltivando una consapevolezza non reattiva di pensieri e sentimenti, gli individui possono acquisire intuizioni sulla natura delle loro menti e sviluppare una maggiore resilienza emotiva. Questa pratica consente ai praticanti di liberarsi dai modelli abituali di reattività e ridurre stress e ansia. La meditazione di consapevolezza regolare rafforza la concentrazione e l'attenzione, fornendo agli individui gli strumenti per affrontare le sfide della vita quotidiana con equanimità.

Un altro metodo cruciale per calmare la mente è attraverso il controllo del respiro, noto come pranayama. Questa antica pratica yogica comporta la regolazione del respiro per armonizzare corpo e mente. Regolando consapevolmente il respiro, gli individui possono ottenere un senso di tranquillità e centratura. Le tecniche di pranayama non solo migliorano il flusso di ossigeno e l'energia vitale, ma calmano anche le fluttuazioni della mente, preparandola per stati più profondi di meditazione e contemplazione.

Inoltre, la coltivazione di qualità mentali positive come pazienza, compassione ed equanimità è parte integrante della disciplina mentale. Praticare gratitudine, perdono e altruismo favorisce uno stato mentale elevato, promuovendo armonia ed equilibrio dentro di sé e in relazione agli altri. Inoltre, incorporare un regolare esercizio fisico e una dieta equilibrata supporta la salute mentale e la stabilità generale, contribuendo a una mente disciplinata e concentrata.

Riconoscere la natura impermanente dei fenomeni mondani e astenersi dall'attaccamento è un altro aspetto cruciale della disciplina mentale. Attraverso questa comprensione, gli individui possono liberarsi dalla morsa dei desideri e delle avversioni che disturbano la mente, aprendo la strada alla tranquillità e al progresso spirituale.

In definitiva, padroneggiare le discipline mentali richiede impegno e dedizione costanti. È un processo graduale di trasformazione che produce benefici, portando a una percezione più chiara della realtà e a una connessione più profonda con il divino. Affinando queste tecniche, gli individui possono coltivare la pace interiore, una maggiore consapevolezza e una determinazione spirituale incrollabile, consentendo loro di intraprendere il percorso spirituale con sicurezza e determinazione.

Consapevolezza di sé:

L'autoconsapevolezza implica l'esplorazione consapevole e il riconoscimento dei propri pensieri, emozioni e dei modelli sottostanti che modellano le nostre percezioni e i nostri comportamenti. Attraverso l'autoconsapevolezza, gli individui acquisiscono intuizioni sulle loro motivazioni più profonde, paure, desideri e insicurezze, portando a una comprensione delle complessità che definiscono la psiche umana. L'autoconsapevolezza consente agli individui di osservare i loro paesaggi mentali con chiarezza e obiettività, facilitando l'identificazione di limitazioni e ostacoli autoimposti sul percorso verso la crescita spirituale. Inoltre, questo elevato senso di autoconsapevolezza favorisce lo sviluppo di empatia, compassione e discernimento, consentendo agli individui di impegnarsi con se stessi e con gli altri in modo più armonioso e perspicace. Inoltre, quando gli individui coltivano l'autoconsapevolezza, diventano in sintonia con l'interconnessione del loro mondo interiore con la più grande coscienza universale, riconoscendo la sottile interazione tra la mente individuale e quella collettiva. Questa consapevolezza determina un cambiamento di prospettiva, incoraggiandoci ad allineare i nostri pensieri e le nostre azioni ai principi superiori che governano l'esistenza, contribuendo così all'evoluzione dell'umanità nel suo insieme.

Superare l'ego:

L'ego, o il senso di identità individuale e di autoimportanza, può portare a una moltitudine di sfide sul percorso spirituale. Tende a creare barriere tra gli individui, favorendo separazione, conflitto e attaccamento ai desideri materiali. Superare l'ego implica trascendere queste limitazioni autoimposte e coltivare una mentalità di interconnessione e umiltà. Riconoscendo che l'ego è un costrutto della mente e non la vera essenza del sé, gli individui possono iniziare a smantellare la sua influenza. Questo processo richiede introspezione e autoindagine per scoprire gli strati di condizionamento e influenze sociali che hanno plasmato l'ego nel tempo. Attraverso pratiche come la consapevolezza e la meditazione, gli individui possono osservare il funzionamento dell'ego senza giudizio, diminuendo gradualmente la sua presa. Inoltre, sviluppare compassione ed empatia verso gli altri può contrastare le tendenze dell'ego verso l'egocentrismo. È essenziale spostare l'attenzione dal sé individuale al benessere collettivo, allentando così la presa dei comportamenti guidati dall'ego. Abbracciare un senso di interconnessione con tutti gli esseri viventi favorisce una mentalità di unità e cooperazione, erodendo la natura divisiva dell'ego. Inoltre, coltivare virtù spirituali come umiltà, gratitudine e resa può aiutare a trascendere l'ego. Queste qualità consentono agli individui di rinunciare al bisogno di controllo e convalida, favorendo una connessione più profonda con la coscienza universale. In definitiva, superare l'ego è un processo trasformativo che conduce alla libertà interiore e alla liberazione spirituale.

Pensieri positivi:

La mente, essendo la sede dei nostri pensieri ed emozioni, gioca un ruolo fondamentale nel plasmare il nostro paesaggio interiore e il benessere generale. Dirigendo consapevolmente i nostri pensieri verso la positività, possiamo creare una base per la tranquillità mentale e la resilienza emotiva. Il pensiero positivo implica la focalizzazione su pensieri speranzosi, costruttivi e ottimisti, che hanno il potere di contrastare la negatività e coltivare la pace interiore.

Nel tentativo di coltivare pensieri positivi, è essenziale riconoscere l'impatto del nostro dialogo interiore. Il nostro dialogo interiore influenza significativamente il nostro stato mentale e la nostra prospettiva sulla vita. Praticando la consapevolezza attenta dei nostri schemi di pensiero, possiamo identificare le tendenze negative e sostituirle con convinzioni affermative ed edificanti. Questa pratica richiede pazienza e dedizione, ma produce benefici nel promuovere una mentalità positiva.

Inoltre, coltivare pensieri positivi implica nutrire gratitudine e apprezzamento per le benedizioni della vita. La gratitudine funge da forza trasformativa che sposta la nostra attenzione dalla scarsità all'abbondanza, favorendo così la contentezza e la gioia interiore. Riconoscere ed esprimere regolarmente gratitudine per i piaceri semplici e le connessioni significative nelle nostre vite amplifica il nostro senso generale di benessere.

Un altro aspetto cruciale della coltivazione di pensieri positivi riguarda l'impegno in attività e attività che portano gioia e appagamento. Impegnarsi in hobby, iniziative creative o atti di gentilezza eleva lo spirito e infonde positività nella nostra mente. Queste attività servono da catalizzatori per generare una riserva di emozioni e pensieri positivi che contribuiscono all'equilibrio mentale.

La pratica della consapevolezza e della meditazione gioca un ruolo significativo nel nutrire pensieri positivi. Osservando i nostri pensieri senza giudizio e riportando la nostra attenzione al momento presente, possiamo liberarci dal rimuginare sulle esperienze negative e abbracciare uno stato di chiarezza mentale e pace. Attraverso una pratica costante, possiamo riprogrammare i nostri percorsi neurali, promuovendo una disposizione mentale più positiva e calma.

Equilibrio tra emozioni e intelletto:

Le emozioni, spesso percepite come la forza trainante dietro le nostre azioni, possono a volte offuscare il giudizio razionale e portare a risultati indesiderati. Allo stesso modo, un'eccessiva enfasi sul ragionamento intellettuale può soffocare l'espressione emotiva e ostacolare una connessione genuina con gli altri. Per raggiungere l'armonia, si deve riconoscere l'interazione intrinseca tra questi due aspetti della psiche. Abbracciare l'intelligenza emotiva implica riconoscere, comprendere e gestire le proprie emozioni, nonché empatizzare con le emozioni degli altri. Coltivare l'empatia favorisce interazioni compassionevoli, alimentando l'interconnessione e promuovendo un senso di unità. Contemporaneamente, l'integrazione dell'intelletto consente analisi critiche, ragionamento logico e decisioni sensate. Fondendo la consapevolezza emotiva con l'acume intellettuale, gli individui sono meglio equipaggiati per affrontare le sfide della vita con resilienza e intuito. La Bhagavad Gita chiarisce l'importanza di bilanciare emozioni e intelletto descrivendo il Signore Krishna come l'epitome dell'intelligenza emotiva e del discernimento intellettuale. La sua guida ad Arjuna riflette un approccio armonizzato al processo decisionale e all'azione, in cui la sensibilità emotiva è unificata con un pensiero chiaro e razionale. Attraverso la pratica della consapevolezza e dell'auto-riflessione, gli individui possono coltivare una comprensione più profonda delle loro tendenze emotive e intellettuali, aprendo così la strada a processi di pensiero armoniosi. Questa integrazione equilibrata consente agli individui di rispondere in modo ponderato alle circostanze della vita, trascendendo le reazioni impulsive e i giudizi miopi. Inoltre, raggiungere l'equilibrio tra emozione e intelletto favorisce un senso di pace mentale, consentendo una maggiore chiarezza e concentrazione durante le attività spirituali. Quando i praticanti si sforzano di armonizzare i loro processi di pensiero, sbloccano il potenziale trasformativo di allineare le loro facoltà interiori, risvegliando un senso di interconnessione con il mondo e la coscienza universale. In definitiva, l'armonizzazione di emozione e intelletto funge da porta d'accesso alla crescita spirituale, conducendo gli individui verso uno stato di coerenza interna e allineamento con le verità superiori dell'esistenza.

La Mente Illuminata:

Il culmine del viaggio spirituale è il raggiungimento di una mente illuminata, caratterizzata dalla padronanza dei propri pensieri ed emozioni e da un senso di chiarezza spirituale. Mentre percorriamo il sentiero dell'autorealizzazione, ci confrontiamo con la dualità intrinseca della coscienza umana, l'interazione tra emozione e intelletto. Raggiungere l'armonia tra queste due sfaccettature del nostro essere è essenziale per l'emergere di una mente illuminata. La mente illuminata è caratterizzata da un incrollabile senso di calma ed equanimità di fronte alle innumerevoli sfide della vita. Trascende le emozioni fugaci e gli impulsi momentanei, trovando forza nella pace interiore e nell'astuzia. Attraverso la pratica disciplinata e l'introspezione, gli individui possono coltivare la forza mentale necessaria per affrontare le complessità dell'esistenza con grazia e intuito. La chiarezza spirituale emerge come un faro che guida la mente illuminata verso verità superiori e comprensione universale. Tale chiarezza consente agli individui di percepire l'interconnessione di tutti i fenomeni, trascendendo i confini dell'ego e dell'individualismo. La mente risvegliata riconosce la natura illusoria dell'ego e abbraccia un senso di unità con il cosmo. Attraverso questa unione, la chiarezza spirituale promuove un profondo senso di scopo e direzione, allineando le aspirazioni personali con il più grande ordine cosmico. Raggiungere una mente illuminata richiede un impegno incrollabile all'auto-riflessione e all'esplorazione interiore, consentendo agli individui di trascendere i limiti imposti dal condizionamento sociale e dalle false percezioni. Addentrandosi nelle profondità della coscienza, si ottiene una comprensione della natura transitoria del mondo materiale e dell'essenza del regno spirituale. Questo cambiamento di prospettiva genera un senso di liberazione e interconnessione con il divino. La ricerca di una mente illuminata non è priva di prove, ma attraverso una pratica diligente e una dedizione incrollabile, gli individui possono trasformare il loro panorama cognitivo, promuovendo una consapevolezza che si estende oltre i confini delle preoccupazioni mondane. In sintesi, la mente illuminata rappresenta l'apoteosi dello spirito umano, un'incarnazione di saggezza, compassione e trascendenza. Attraverso l'armonizzazione di emozioni e intelletto, unita alla coltivazione della chiarezza spirituale, gli individui aprono le porte all'autorealizzazione e all'interconnessione universale. È nel crogiolo della mente illuminata che la vera padronanza e la chiarezza spirituale convergono, illuminando il cammino verso la liberazione assoluta e l'illuminazione sconfinata.

Capitolo XXVIII
SERVIZIO AL DIVINO

Introduzione al Seva:

Seva, o servizio disinteressato, ha un ruolo fondamentale nel viaggio spirituale, trascendendo i confini culturali e religiosi per incarnare l'essenza universale della compassione e dell'altruismo. Radicato nell'antica saggezza della Bhagavad Gita e di numerosi testi sacri, il concetto di Seva incarna la filosofia di rinunciare al proprio ego e ai desideri personali per il benessere degli altri e il bene superiore dell'umanità. Sottolinea la comprensione che la vera realizzazione non deriva da interessi personali, ma da atti di gentilezza, generosità e servizio verso chi è nel bisogno. Con un'enfasi su umiltà, empatia e interconnessione, Seva spinge gli individui verso uno stato di coscienza elevato e un senso di scopo risvegliato. Come esposto nella Gita, lo spirito di Seva è profondamente intrecciato con lo sviluppo di virtù come amore, compassione e altruismo, favorendo una trasformazione all'interno del praticante. Un aspetto integrante del Seva è il suo potenziale di apportare un cambiamento nella percezione, riorientando gli individui verso una visione della vita più ampia e inclusiva. Impegnandosi in azioni altruistiche senza alcuna aspettativa di guadagno personale, i praticanti del Seva coltivano una mentalità che dà priorità al benessere collettivo rispetto agli interessi individuali. Questo cambiamento fondamentale di prospettiva non solo favorisce una connessione più profonda con gli altri, ma migliora anche la crescita spirituale dissolvendo le barriere dell'ego e dell'egocentrismo. Inoltre, l'atto di servire senza attaccamento ai risultati coltiva uno stato di appagamento interiore e liberazione dal ciclo di azioni guidate dal desiderio, allineandosi così con gli insegnamenti fondamentali della Gita riguardo alla rinuncia ai frutti del proprio lavoro. Centrale per i fondamenti filosofici del Seva è la nozione di unità e interconnessione, dove ogni essere è considerato un'incarnazione del divino, meritevole di rispetto, cura e supporto. Questo riconoscimento della presenza divina in tutti gli esseri genera un senso di riverenza e responsabilità verso il servizio agli altri, portando all'elevazione sia del donatore che del ricevente. In definitiva, la pratica del Seva diventa una porta d'accesso all'incarnazione dei principi fondamentali della devozione spirituale e dell'autotrascendenza, facilitando un'integrazione armoniosa della crescita individuale con l'evoluzione collettiva dell'umanità.

La filosofia della resa e il suo significato nella Gita:

Nella Bhagavad Gita, il concetto di resa chiarisce il percorso verso la liberazione spirituale. La resa, nota come "prapatti" o "sharanagati", è un principio fondamentale che significa abbandonarsi completamente alla volontà divina. Comporta la rinuncia al controllo dell'ego e l'adozione di uno stato di umiltà e accettazione. Attraverso la resa, si riconoscono i limiti dell'agenzia individuale e si riconosce l'onnipotenza della volontà cosmica. Questa filosofia si allinea con il tema generale dell'altruismo e del distacco sposato nella Gita.

La Bhagavad Gita sottolinea l'importanza della resa come mezzo per trascendere il ciclo di nascita e morte, raggiungere l'armonia interiore e infine realizzare l'unità del sé con la coscienza suprema. Il Signore Krishna, nei suoi insegnamenti ad Arjuna, espone l'idea della resa come porta verso la liberazione, sottolineando la necessità di offrire le proprie azioni, pensieri ed emozioni al divino senza attaccamento ai frutti di queste azioni. Questa nozione sottolinea il principio del "Karma Yoga", il percorso dell'azione disinteressata, e sottolinea il potere trasformativo della resa nel purificare la mente ed elevare la coscienza.

Inoltre, la filosofia della resa comprende una fiducia implicita nell'ordine divino, riconoscendo che tutti gli eventi si svolgono secondo un piano cosmico superiore. Invita gli individui a coltivare una fede incrollabile nella saggezza divina e a liberarsi dal peso dell'ansia e del controllo. Arrendendosi al divino, si rinuncia ai risultati dei propri sforzi, riconoscendo che tutti i risultati sono governati da leggi universali al di là della comprensione umana.

La resa comporta anche un cambiamento interno nella coscienza, una rinuncia all'insistenza dell'ego sui desideri e le preferenze personali. Favorisce un atteggiamento di servitù, in cui si agisce come uno strumento della volontà divina, offrendo lo proprie capacità e i propri sforzi per il miglioramento dell'umanità senza nutrire motivazioni egoistiche. Questo principio risuona con il concetto multiforme di "Seva" o servizio disinteressato, sottolineando la natura altruistica della resa nel contesto della responsabilità sociale e del benessere della comunità.

Inoltre, la Gita illumina l'impatto trasformativo della resa sull'evoluzione spirituale di un individuo, sottolineando che attraverso la dissoluzione dell'ego, si trascendono le illusioni di separatezza e ci si fonde con la coscienza universale. Questa unione, caratterizzata da una devozione e una resa incrollabili, conduce alla realizzazione della verità eterna e all'esperienza di amore e compassione sconfinati.

Yoga del Karma:

Nella Bhagavad Gita, il Signore Krishna espone il concetto di Karma Yoga come pratica trasformativa che consente agli individui di purificare le proprie azioni attraverso il servizio disinteressato. Il Karma Yoga, spesso definito yoga dell'azione disinteressata, sottolinea l'importanza di svolgere i propri doveri senza attaccamento ai risultati. Questo approccio disinteressato all'azione è centrale nel percorso di sviluppo spirituale e autorealizzazione. Impegnandosi in azioni senza essere motivati da desideri o risultati personali, gli individui possono trascendere il proprio ego e coltivare un senso di distacco dal mondo materiale. Attraverso questo processo, gli individui sviluppano una comprensione dell'interconnessione di tutti gli esseri e dell'unità sottostante della creazione.

La pratica del Karma Yoga incoraggia gli individui a offrire le proprie capacità, talenti e risorse per il bene comune senza cercare un guadagno personale. Promuove uno spirito di altruismo e servizio, che contribuisce al benessere della società nel suo complesso. Dedicando le proprie azioni al servizio degli altri, i praticanti del Karma Yoga si allineano allo scopo divino e contribuiscono all'armonia e all'elevazione del mondo. Questo atteggiamento disinteressato non solo favorisce la crescita interiore e la realizzazione, ma favorisce anche un più profondo senso di empatia e compassione verso gli altri.

Inoltre, il Karma Yoga è un mezzo per purificare la mente e raffinare il proprio carattere. Compiendo azioni con spirito di altruismo, gli individui coltivano virtù come umiltà, pazienza e resilienza. Imparano a superare le inclinazioni egoistiche dell'ego e sviluppano una mentalità di servizio e sacrificio. Attraverso una pratica costante, gli individui elevano gradualmente la loro coscienza e raggiungono uno stato di consapevolezza elevato, trascendendo i limiti dell'identità individuale. Questa purificazione della mente e del cuore conduce alla pace interiore, alla chiarezza e all'armonia, consentendo agli individui di affrontare le complessità della vita con equanimità e grazia.

Il Karma Yoga fornisce un quadro per integrare la spiritualità nella vita di tutti i giorni. Incoraggia gli individui a vedere il loro lavoro e le loro responsabilità come offerte al divino, infondendo così anche i compiti più banali di sacralità e significato.

Questa prospettiva sposta l'attenzione dall'ambizione personale al benessere più ampio dell'umanità, promuovendo un senso di scopo e significato in tutte le azioni. Di conseguenza, gli individui possono provare un senso di appagamento e gioia nel contribuire al benessere collettivo, riconoscendo che le loro azioni sono parte di una sinfonia cosmica più ampia orchestrata dal divino.

Il ruolo dell'intenzione:

L'intenzione è la forza trainante dietro tutte le azioni, che plasma i risultati e l'impatto dei nostri sforzi. Nella Bhagavad Gita, l'intenzione gioca un ruolo fondamentale nel viaggio spirituale, poiché determina l'allineamento degli obiettivi personali con la volontà divina. Quando le proprie intenzioni sono pure e altruistiche, le azioni intraprese riecheggiano l'armonia dell'universo, portando alla realizzazione e all'elevazione spirituale. Comprendere la natura dell'intenzione richiede una profonda introspezione nei motivi che guidano le nostre scelte e i nostri comportamenti. Richiede una consapevolezza dell'interconnessione di tutti gli esseri viventi e di come le nostre intenzioni possano contribuire al bene superiore o perpetuare la disarmonia. Allineare gli obiettivi personali con la volontà divina implica la rinuncia all'ego e il riconoscimento dell'ordine universale, riconoscendo che i nostri desideri devono essere in armonia con lo scopo cosmico. Questo allineamento non comporta l'abbandono delle aspirazioni personali, ma piuttosto il loro incanalamento verso il servizio disinteressato e il miglioramento dell'umanità. Inoltre, l'intenzione dovrebbe scaturire da un luogo di compassione, empatia e amore incondizionato, privo di qualsiasi aspettativa di guadagno o riconoscimento personale. La Bhagavad Gita sottolinea che la vera intenzione non è focalizzata esclusivamente sui risultati delle azioni, ma piuttosto sulla dedicazione di tutti gli sforzi all'Ananta, la verità eterna. Allineando le nostre intenzioni alla volontà divina, ci apriamo a un percorso di scopo e significato più elevati. Questo processo implica coltivare consapevolezza e discernimento per garantire che le nostre azioni siano in accordo con il dharma e la rettitudine. Consente agli individui di trascendere i limiti dell'ego e di connettersi con la loro essenza spirituale più intima, realizzando così un senso di unità con il divino. In quanto tale, il ruolo dell'intenzione si estende oltre la semplice definizione di obiettivi; comprende una comprensione della natura interconnessa dell'esistenza e della responsabilità che ne deriva.

Identificazione dello scopo:

Nella Bhagavad Gita, il dilemma di Arjuna e la successiva conversazione con Lord Krishna sottolineano l'importanza di identificare il proprio percorso unico per dare il proprio contributo. Come individui, ci troviamo spesso di fronte alla domanda su come servire al meglio gli altri e contribuire in modo significativo al mondo. Questa impresa richiede un'esplorazione approfondita dei nostri punti di forza, passioni e valori. Comprendendo questi aspetti fondamentali di noi stessi, possiamo intraprendere un viaggio per identificare il nostro scopo e avere un impatto positivo nella vita di coloro che ci circondano.

Per iniziare questo processo introspettivo, è fondamentale riflettere sulle nostre capacità e inclinazioni personali. Quali sono le competenze e i talenti che ci vengono naturali? Quali attività ci danno gioia e appagamento? Queste domande possono guidarci nel riconoscere le aree in cui possiamo eccellere e contribuire in modo significativo. Inoltre, approfondire i nostri valori e le nostre convinzioni ci consente di allineare i nostri contributi con la nostra bussola etica e morale, assicurando che le nostre azioni siano radicate nella rettitudine.

Inoltre, considerare le esigenze della società e del mondo in generale può offrire una preziosa intuizione su dove i nostri sforzi potrebbero essere più utili. Attraverso consapevolezza ed empatia, possiamo identificare le aree che richiedono attenzione e lavorare per affrontare le sfide della società. Che si tratti di affrontare preoccupazioni ambientali, sostenere la giustizia sociale o elevare le comunità emarginate, comprendere le esigenze del mondo ci consente di indirizzare i nostri sforzi in modo efficace.

Un altro aspetto cruciale dell'identificazione dello scopo risiede nel riconoscere la nostra interconnessione con tutti gli esseri. Riconoscere che ogni individuo è parte di un arazzo più ampio dell'esistenza promuove un senso di responsabilità verso il benessere degli altri. Questa interconnessione sottolinea anche l'importanza della compassione e dell'empatia, qualità essenziali nel definire il nostro scopo di servizio. Abbracciare la natura interconnessa della vita può ispirarci a servire disinteressatamente e con genuina cura per il benessere degli altri.

Sacrificio, Umiltà e Generosità:

La Bhagavad Gita esalta le virtù del sacrificio, dell'umiltà e della generosità come qualità essenziali nel percorso spirituale. Incorporare il sacrificio nella vita quotidiana non è solo un atto singolo, ma uno stile di vita. Implica dare priorità ai bisogni degli altri rispetto ai propri, offrendo altruisticamente senza aspettarsi ricompense o riconoscimenti. Abbracciare l'umiltà consente agli individui di coltivare una mentalità di servizio, riconoscendo che tutte le azioni sono in ultima analisi offerte al divino. Incoraggia a rinunciare all'ego, promuovendo un atteggiamento di gratitudine e grazia verso l'interconnessione di tutta la vita. La generosità, sia nella ricchezza materiale che nella saggezza spirituale, riflette un approccio alla vita a cuore aperto. Implica la condivisione di risorse, tempo e conoscenza con uno spirito di abbondanza, riconoscendo che la vera ricchezza risiede nel dare piuttosto che nell'accumulare. Nella Gita, il Signore Krishna sottolinea l'importanza di queste virtù nella purificazione dell'anima e nel raggiungimento di una coscienza superiore. Il concetto di sacrificio si estende oltre le offerte materiali, comprendendo la volontà di rinunciare ai desideri e agli attaccamenti personali. Richiede la rinuncia a motivazioni egoistiche e spinge gli individui ad allineare le proprie azioni al bene superiore. Questo processo di sacrificio disinteressato favorisce la trasformazione interiore, portando a un senso più profondo di scopo e realizzazione. Abbracciare l'umiltà eleva l'individuo oltre i confini dell'ego, favorendo compassione, tolleranza ed empatia. Reindirizza l'attenzione dalle preoccupazioni egocentriche al benessere degli altri, creando spazio per una connessione e un'armonia genuine. La generosità, sia attraverso atti di carità, gentilezza o tutoraggio, favorisce una cultura di abbondanza e reciprocità. Consente agli individui di connettersi con il flusso universale del dare e del ricevere, riconoscendo la rete interconnessa dell'esistenza. Praticare queste virtù nella vita di tutti i giorni serve ad elevare la coscienza, dissolvere le barriere di separazione e nutrire un senso di unità con tutti gli esseri. Promuove un impegno sincero al servizio e all'elevazione, incarnando la saggezza della Bhagavad Gita nella vita contemporanea. Incorporando sacrificio, umiltà e generosità nella vita quotidiana, gli individui si allineano con i principi universali del dharma e dell'azione disinteressata, gettando le basi per un'esistenza significativa e mirata.

Percorso verso la beatitudine:

Vivere una vita di servizio, dedicata al miglioramento degli altri e del mondo in generale, è un viaggio trasformativo. Nella Bhagavad Gita, il Signore Krishna espone la nozione di trovare la realizzazione ultima attraverso l'azione disinteressata, sottolineando che la vera felicità risiede nel benessere degli altri. Coltivare una mentalità di servizio non solo porta gioia e appagamento, ma allinea anche gli individui con il loro scopo spirituale. Quando gli individui si impegnano in atti di gentilezza e compassione, si collegano con un senso più profondo di realizzazione che trascende i desideri personali ed eleva il benessere di tutti gli esseri.

Il percorso verso la beatitudine attraverso il servizio comprende l'incarnazione dell'amore, dell'empatia e dell'altruismo. Servendo gli altri in modo disinteressato, si acquisisce una comprensione dell'interconnessione e dell'unità, riconoscendo che ogni atto di servizio si propaga attraverso la coscienza collettiva, portando un cambiamento positivo al mondo. Questa consapevolezza promuove un senso di scopo e soddisfazione che arricchisce l'esperienza umana. Dedicandosi al supporto e all'elevazione degli altri, gli individui attingono a un'abbondante fonte di gioia e soddisfazione che supera di gran lunga il piacere transitorio dei beni materiali o delle attività egocentriche.

Inoltre, l'atto del servizio si estende oltre il beneficio immediato per gli altri e aiuta nell'evoluzione della coscienza dell'individuo. La pratica del servizio disinteressato coltiva naturalmente virtù come umiltà, pazienza e resilienza, favorendo la crescita personale e lo sviluppo spirituale. Ogni interazione diventa un'opportunità di auto-miglioramento e trasformazione interiore, conducendo a una vita caratterizzata da pace, armonia e un profondo senso di appagamento. Quando si abbraccia l'etica del servizio, si allineano le proprie azioni al ritmo dell'universo, contribuendo positivamente all'ordine cosmico e migliorando il benessere collettivo.

Il percorso verso la beatitudine attraverso il servizio offre agli individui l'opportunità di creare un impatto e un'eredità duraturi che trascendono il tempo. Impegnandosi in atti di gentilezza e generosità, gli individui piantano i semi della compassione e della positività, gettando le basi per un mondo più compassionevole e armonioso per le generazioni future.

Capitolo XXIX
50 CITAZIONI CHIAVE DI VYASA

1.
"La felicità che deriva da una lunga pratica, che porta alla fine della sofferenza, che all'inizio è come un veleno, ma alla fine come il nettare: questo tipo di felicità nasce dalla serenità della propria mente."

2.
"Colui che sperimenta l'unità della vita vede il proprio Sé in tutti gli esseri, e tutti gli esseri nel proprio Sé, e guarda ogni cosa con occhio imparziale."

3.
"Noi contempliamo ciò che siamo e siamo ciò che contempliamo."

4.
"Non incontriamo mai veramente il mondo; tutto ciò che sperimentiamo è il nostro sistema nervoso."

5.
"È la Natura che causa ogni movimento."

6.
"Oh Krishna, la mente è inquieta."

7.
"L'azione egoistica imprigiona il mondo."

8.
"Il vero obiettivo dell'azione è la conoscenza del Sé."

9.

spirituale. Quando gli individui si impegnano in atti di gentilezza e compassione, si collegano con un senso più profondo di realizzazione che trascende i desideri personali ed eleva il benessere di tutti gli esseri.

Il percorso verso la beatitudine attraverso il servizio comprende l'incarnazione dell'amore, dell'empatia e dell'altruismo. Servendo gli altri in modo disinteressato, si acquisisce una comprensione dell'interconnessione e dell'unità, riconoscendo che ogni atto di servizio si propaga attraverso la coscienza collettiva, portando un cambiamento positivo al mondo. Questa consapevolezza promuove un senso di scopo e soddisfazione che arricchisce l'esperienza umana. Dedicandosi al supporto e all'elevazione degli altri, gli individui attingono a un'abbondante fonte di gioia e soddisfazione che supera di gran lunga il piacere transitorio dei beni materiali o delle attività egocentriche.

Inoltre, l'atto del servizio si estende oltre il beneficio immediato per gli altri e aiuta nell'evoluzione della coscienza dell'individuo. La pratica del servizio disinteressato coltiva naturalmente virtù come umiltà, pazienza e resilienza, favorendo la crescita personale e lo sviluppo spirituale. Ogni interazione diventa un'opportunità di auto-miglioramento e trasformazione interiore, conducendo a una vita caratterizzata da pace, armonia e un profondo senso di appagamento. Quando si abbraccia l'etica del servizio, si allineano le proprie azioni al ritmo dell'universo, contribuendo positivamente all'ordine cosmico e migliorando il benessere collettivo.

Il percorso verso la beatitudine attraverso il servizio offre agli individui l'opportunità di creare un impatto e un'eredità duraturi che trascendono il tempo. Impegnandosi in atti di gentilezza e generosità, gli individui piantano i semi della compassione e della positività, gettando le basi per un mondo più compassionevole e armonioso per le generazioni future.

Capitolo XXIX
50 CITAZIONI CHIAVE DI VYASA

1.
"La felicità che deriva da una lunga pratica, che porta alla fine della sofferenza, che all'inizio è come un veleno, ma alla fine come il nettare: questo tipo di felicità nasce dalla serenità della propria mente."

2.
"Colui che sperimenta l'unità della vita vede il proprio Sé in tutti gli esseri, e tutti gli esseri nel proprio Sé, e guarda ogni cosa con occhio imparziale."

3.
"Noi contempliamo ciò che siamo e siamo ciò che contempliamo."

4.
"Non incontriamo mai veramente il mondo; tutto ciò che sperimentiamo è il nostro sistema nervoso."

5.
"È la Natura che causa ogni movimento."

6.
"Oh Krishna, la mente è inquieta."

7.
"L'azione egoistica imprigiona il mondo."

8.
"Il vero obiettivo dell'azione è la conoscenza del Sé."

9.

"Quando una persona risponde alle gioie e ai dolori degli altri come se fossero propri, ha raggiunto il più alto stato di unione spirituale."

10.
"Rimodella te stesso attraverso il potere della tua volontà; non lasciarti mai degradare dalla tua volontà."

11.
"Per salvare la famiglia, abbandona un uomo; per salvare il villaggio, abbandona una famiglia; per salvare il paese, abbandona un villaggio; per salvare l'anima, abbandona la terra."

12.
"La lussuria, la rabbia e l'avidità sono le tre porte dell'inferno."

13.
"I saggi unificano la loro coscienza e abbandonano l'attaccamento ai frutti dell'azione."

14.
"Lasciata a se stessa, la mente continua a ripetere gli stessi vecchi schemi abituali della personalità."

15.
"Gli immaturi pensano che conoscenza e azione siano diverse, ma i saggi le vedono come la stessa cosa."

16.
"Il piacere dei sensi all'inizio sembra nettare, ma alla fine è amaro come il veleno."

17
"Sii sempre consapevole di me, adorami, fai di ogni tuo atto un'offerta a me, e verrai a me."

18.
"La morte non è più traumatica che togliersi un vecchio cappotto."

19.
"Tutto ciò che siamo è il risultato di ciò che abbiamo pensato."

20.
"Quando tutto in questo mondo è temporaneo, perché ti piangi per ciò che è perduto?"

21.
"Vivono nella saggezza coloro che vedono se stessi in tutti e tutto in loro, che hanno rinunciato a ogni desiderio egoistico e brama dei sensi che tormenta il cuore."

22.
"Il Sé in ogni persona non è diverso dalla Divinità."

23.
"Dove c'è Uno, quello sono io; dove sono molti, tutti sono io; vedono il mio volto ovunque."

24.
"Le azioni non mi aggrappano perché non sono attaccato ai loro risultati. Chi capisce questo e lo pratica vive in libertà."

25.
"Rinuncia all'egoismo nel pensiero, nella parola e nell'azione."

26.
"Ciò non significa, tuttavia, che il mondo fenomenico sia un'illusione o irreale. L'illusione è il senso di separatezza."

27.

"Come puoi amare veramente la persona con cui stai quando non riesci a dimenticare quella che ti è sfuggita?"

28.
"Il suo giudizio sarà migliore e la sua visione più chiara se non sarà emotivamente coinvolto nel risultato di ciò che fa."

29.
"Lavora sodo in silenzio, lascia che il tuo successo sia il tuo rumore."

30.
"Quando la tua mente avrà superato la confusione della dualità, raggiungerai lo stato di santa indifferenza verso le cose che senti e verso le cose che hai sentito."

31.
"Sei ciò in cui credi. Diventi ciò che credi di poter diventare."

32.
"Se mille soli sorgessero e si fermassero nel cielo di mezzogiorno, splendenti, tale splendore sarebbe simile allo splendore feroce di quel potente Sé."

33.
"Ci chiede di rinunciare non al godimento della vita, ma all'attaccamento al godimento egoistico, qualunque cosa possa costare agli altri."

34.
"Krishna introduce l'idea che non è sufficiente dominare tutti i desideri egoistici; è anche necessario sottomettere la possessività e l'egocentrismo."

35.

"Abbiamo il controllo sul nostro lavoro e sulle nostre azioni, ma non abbiamo alcun comando sui risultati."

36.
"Anche il criminale senza cuore, se mi ama con tutto il suo cuore, certamente crescerà verso la santità mentre si avvicina a me su questa strada."

37.
"Dicono che la vita è un incidente causato dal desiderio sessuale, che l'universo non ha alcun ordine morale, nessuna verità, nessun Dio."

38.
"L'immagine di Dio si ritrova essenzialmente e personalmente in tutta l'umanità."

39.
"Desisti, fratello. I grandi uomini non si curano mai delle dure parole pronunciate dagli uomini inferiori."

40.
"Coloro che non conoscono alcuna lingua se non la propria sono generalmente molto esclusivi in fatto di gusti."

41.
"Ogni giorno muoiono persone, ma altre vivono come se fossero immortali."

42.
"Anche chi si informa sulla pratica della meditazione si eleva al di sopra di coloro che semplicemente eseguono rituali."

43.
"Quindi ogni atto o pensiero ha delle conseguenze, che a loro volta avranno delle conseguenze."

44.
"L'uomo saggio lascia andare tutti i risultati, siano essi buoni o cattivi, e si concentra solo sull'azione."

45.
"La mia mente è così irrequieta e instabile che non riesco nemmeno a comprendere nulla di questo stato."

46.
"Valore, forza, tenacia, abilità nell'uso delle armi, determinazione a non ritirarsi mai dalla battaglia, magnanimità nella carità e capacità di leadership, queste sono le qualità naturali del lavoro per gli Kshatriya."

47.
"Hai diritto alle tue azioni, ma mai ai frutti delle tue azioni. Agisci per il bene dell'azione."

48.
"Terra, acqua, fuoco, aria, akasha, mente, intelletto ed ego: queste sono le otto divisioni della mia prakriti."

49.
"L'uomo è schiavo del denaro, ma il denaro non è schiavo dell'uomo."

50.
"Quando la mente insegue costantemente i sensi distratti, allontana la saggezza, come il vento che spinge una nave fuori rotta."